공부방·교습소·학원
원장 3인의 창업·경영 로드맵

강사에서 원장까지,
학원가에서 살아남기

켈리·해일리·미쉘 지음

김위아 기획·감수

대경북스

강사에서 원장까지 **학원가에서 살아남기**

1판 1쇄 인쇄 2024년 1월 17일
1판 1쇄 발행 2024년 1월 22일

지은이 켈리, 해일리, 미쉘
기획·감수 김위아

발행인 김영대
펴낸 곳 대경북스
등록번호 제 1-1003호
주소 서울시 강동구 천중로42길 45(길동 379-15) 2F
전화 (02) 485-1988, 485-2586~87
팩스 (02) 485-1488
홈페이지 http://www.dkbooks.co.kr
e-mail dkbooks@chol.com

ISBN 979-11-7168-018-4 03320

모두가 행복한 학원을 꿈꾼다

"아직도 학원 경영하세요?"

5년 만에 만난 지인이 말했습니다.

"아직도요? 20년 더 할 거예요."

24년째 학원과 함께입니다. 학원 경영서를 세 권 썼고요. 예비 창업자와 원장을 위해 독서 모임을 운영합니다. 2023년 한 해 꼬박 《강사에서 원장까지, 학원가에서 살아남기》의 감독이자 코치로 뛰었습니다. 재능 기부입니다. 학원과 책 사랑이, 잠을 이겼습니다.

2020년, 처음 책을 쓸 때는 의문투성이었어요.

내 경험이 무슨 도움이 되겠어?

이름있는 대형 학원 원장도 아니잖아?

누가 돈 내고 사볼까?

그런데 학원 바보인 저는, 늘 마음에 걸렸습니다. 관련 서적이 적다는 것이요. 용기를 냈습니다. 첫 책은 세상과 이어줬습니다. 두 번째, 세 번째 책을 쓰면서 인연도 늘었습니다.

켈리, 해일리, 미쉘 원장은 독서 모임 멤버입니다. 《온리원 영어학원 만들기》를 읽고 커뮤니티에 모였습니다. 모두 학원 경영, 영어교육 그리고 책에 진심이었습니다.
'오~ 강사 이력이 풍부한데.'
저는 대학 때 과외 하다가 창업했어요. 강사 경험을 쓰지 못 했습니다.
'영어 실력도 짱짱해.'
영어교육전문가로 어디 가서도 기죽지 않을 실력이었어요.
'성실하고 책임감까지 있네.'
매일 책 읽고 인증했습니다. 학부모와 학생이 알아주지 않아도, 자신과의 약속을 지켰습니다. 탐나는 사람들이었죠.
우연일까요, 필연일까요? 세 사람은 예비 창업자였어요. 글쓰기에도 관심 있었습니다. 우리는 작가와 독자로 만나서, 기획자와 예비 작가로 뭉쳤습니다.

해일리와 켈리는 2023년 2월에 각각 공부방과 교습소를 창업했습니다. 미쉘은 6월에 월급 원장직을 퇴사하고, 개원을 준비하고 있어요.
학원가에서 고마운 학부모와 예쁜 학생, 사람에 진심인 원장과 강사를 만났습니다. 행복한 일이 많았지만, 울퉁불퉁한 사건과 이겨 나간 과정이 독자에게 더 필요하겠지요? 교육비 미납과 무리한 보충 요구로 힘들게 한 학부모, 습관적으로 거짓말하는 학생, 툭툭 튀어나오는 인테리어 부실 공사, 산 넘어 산인 허가 문제 등을 실었습니다.

저는 《강사에서 원장까지, 학원가에서 살아남기》 첫 번째 독자입니다. 초고를 읽으면서, 우리 선생님들을 떠올렸어요. 힘든 마음과 수고를 충분히 알아주지 못했더라고요. 언제 사표를 내고 싶었는지, 왜 창업을 결심했는지를 이젠 압니다. 공저자 덕분입니다. 자기 사업을 시작한 3인방은, 강사 시절에 만났던 원장을 고운 눈으로 바라봅니다. 그때는 몰랐던 그들의 고충과 책임을 온몸으로 느끼거든요. 이렇게 우리는, 서로의 입장이 되어보며 모두가 행복한 학원에 한 걸음씩 다가갑니다.

노하우가 잘 드러나도록 작가별로 목차를 나눴습니다.
1장 저자는 교습소 원장 켈리입니다. 2장 작가는 공부방 원장 해일리이고요. 두 사람은 창업 준비부터 개원 직후 에피소드를 맡았습니다. 3장 글쓴이는 교수부장과 관리원장 경력이 풍부한 미쉘이에요. 경영 노하우와 퇴사 후 학원 개원 준비 과정에서 얻은 정보를 전합니다.
1년간 우리 목표는 하나였습니다.
'돈 아깝지 않은 책'을 쓰자!
창업 준비로 어느 때보다 바빴을 겁니다. 그럼에도, 한발 먼저 겪은 경험을 나누려고 기꺼이 시간을 냈습니다. 오직 학원인을 위해서요.

'모두가 행복한 학원을 꿈꾼다.'

《잘되는 학원 다 이유가 있다》부제목입니다. 기획한 이유를 이보다 잘 표현한 문장은 없습니다.

켈리, 해일리, 미쉘은 강사에서 원장이 되었습니다. 10년 이상 학원가에서 살아남았습니다. 3인방의 글은 강사와 원장이 서로를 이해하고, 창업과 경영 노하우를 얻는 데 도움 되리라 믿습니다.

내가 일군 보금자리에서
교육자와 사업가로 비상할
그대들을 응원하며!

2023년 12월
김위아

※ 책에 나오는 이름은 모두 가명입니다.

차   례

제2부 해일리 편
공부방 원장입니다

제3부 미쉘 편
이제 내 학원 할게요!

제1부 켈리 편

맡겨만 주세요,
이 일에 진심이라고요

프롤로그

하여간 이해가 안 돼, 이해가.

뭐, 나름의 이유가 있었구먼.

대단한 사람이었잖아?

이렇게나 바뀔 수 있군요. 각각 강사 시절, 개원 준비 중, 원장 1년 차에 든 생각입니다. 과거 원장님들에 대해서 말이죠.

개원을 결심하고 학원 관련 책부터 찾았습니다. 조언을 구할 데가 없었거든요. 한 줄, 한 줄이 스승이었습니다. 독자에서 작가가 된 지금. 제 경험담이 누군가에게 도움이, 때로는 위로가 되길 바랍니다.

1~5번 : 영어에 대한 창피한 기억으로 시작합니다. 회사원에서 강사로 방향을 튼 계기가 나오고요. 비율제를 맛본 경험, 동료 강사와 원장님 이야기를 다뤘습니다.

6~10번 : 개원 결심부터 프랜차이즈·상가·인테리어 계약, 교육청 허가의 여정입니다. "뭐 하나 쉽게 넘어가질 않네요. 원장님, 잘 되실 건가 봐요." 부동산 중개인이 말했습니다.

11~17번 : 개원 1년 차, 뜻밖의 문제와 실수를 담았습니다. '난 이러지 말아야지' 하셨다면, 제 글이 목적을 다한 겁니다.

1. 21st, 넌 내게 굴욕을 줬어

중학교 3학년 영어 수업 시간이었다.

"자, 1단원 제목을 누가 읽어볼까."

담임이 뜸을 들였다. 그 틈에 단원명을 확인했다.

"오늘 날짜가… 34번이 일어나서 큰 소리로 읽어보자."

하필 3월 4일이었다. 번호가 불렸으니 일어섰다.

"코리아 인 더…."

Korea in the 21st Century.

21 뒤에 st는 뭐지?

"트웬티 원 에스티…."

"뭐라고?"

틀렸나 보다. 줄임말 같은데, st로 시작하는 단어에 뭐가 있더라.

"트웬티 원 스트리트!"

street, 이거지.

"이번에는 짝꿍이 읽어볼까?"

또 아닌가 보다. 쭈뼛거리며 앉았다. 고개가 절로 수그러졌다. 곧이어 의자 끌리는 소리가 났다. 짝꿍이 머리를 쓸며 일어섰다.

"코리아 인 더 트웬티 퍼스트 센추리."

트웬티 퍼스트였구나. 담임이 발음도 좋다며 칭찬했다. 자리에 앉는 짝꿍을 힐끔거렸다.

21년 전 일인데도 생생하다. 담임과 짝꿍 둘 다 얄미웠다. 본때를 보여주고 싶었다. 영어 공부에 공을 들였다.

창피한 기억 하나 더

교생실습을 갔다. 떠나기 전, 제비를 뽑아 수업 순서를 정했다. 피하고 싶던 1번이 나왔다. 수업을 영어로 진행해야 한다는 공지도 들었다. PPT부터 만들었다. 완성 후에는 각 슬라이드의 대본을 적어 달달 외웠다. 룸메이트를 앞혀두고 모의 수업도 했다.

수업 당일, PPT가 열리지 않았다. 프로그램 간 충돌이 있었다. 아이들은 앞만 멀뚱멀뚱 쳐다봤다. 담당 교사가 나섰다. 참관하던 교생들이 수군거렸다. 가만히 서서 기다리기 곤란했다. 할아버지 성대모사를 하며 분위기를 띄웠다. 20분 후, 마침내 수업을 시작했다. 하지만 머릿속은 이미 엉켜버렸다. 문법적으로 틀린 문장을 쏟아냈다. 질문에 답할 때는 얼굴에 열이 올랐다. 방과 후, 담당 교사와 교생들에게 한 시간 동안 피드백을 들었다.

"도입이 매끄럽지 않았어요."

"진행이 산만했어요."

"학생과 상호작용이 부족했어요."

누구도 잘한 점을 말하지 않았다. 완벽한 실패였다. 하숙집에 돌아오자마자 책상 앞에 앉았다. 수업 시간에 나왔던 질문과 내가 하면 좋았을 답을 적었다. 훌쩍이면서도 손을 멈추지 않았다. 같은 내용을 다른 반에서 한 번 더 다룰 수 있었다. 두 번째는 잘하고 싶었다.

다음 수업 시간, 다행히 첫날과 비슷한 질문이 들어왔다. 외운 문장으로 무리 없이 답했다. 대본대로 진행한 게 떳떳하진 않았다.

영어교육 전공자가 영어로 말도 못 하다니. 실습이 끝나고 전화 영어를 등록했다.

전화 영어 첫날, 피드백을 확인했다. 첨삭된 문장이 여러 개였다. 하나같이 초등학생이 할법한 실수였다. 설마 하며 음성 파일을 열었다. 내가 한 말이 맞았다. 고난도 문장을 공부할 때가 아니었다. 그날부터 강사가 하는 말을 받아 적기 시작했다. 동시에 내가 뱉은 문장을 점검했다.

왜 과거 얘기를 현재 시제로 했어?

문장에 동사는 어디 갔어?

무슨 동문서답이야?

10분 분량 파일 500개를 받아 적었다. 그제야 말이 트이기 시작했다.

'때문에'에서 '덕분에'

영어 때문에 창피했다. 나의 영어 공부는 열등감에서 시작됐다. 흥미와는 거리가 멀었다. 요즘은 어떨까.

14년째 전화 영어를 수강 중이다. 처음 3년은 교재를 가지고 정해진 틀 안에서 대화했다. 교생실습 때처럼 대본도 만들었다. 이제는 아니다. 당장 떠오르는 이야기를 나눈다. 강사도 마찬가지다. 둘 다 교육 분야에 있어서 잘 통한다. 특별한 일이 생기면 '내일 얘기해 줘야지' 설레는 게 먼저다. 생생하게 전달하고 싶어 단어나 표현을 검색한다. 영어 덕분에 먼 나라 친구와 속을 터놓는다. 영어는 '부담'에서 '도구'에 가까워지고 있다.

2. 140만 원만 벌 수 있다면

"어제도 야근?"

"네. 그렇죠, 뭐…."

"돈은 많이 줘?"

나는 콘텐츠 기획부 사원, 그녀는 같은 회사 소속 강사였다. 강의를 찍을 때 실시간으로 내용 점검할 사람이 필요했다. 담당자로 뽑혀 수업을 참관했다. 촬영이 늦게까지 이어져 끼니를 거르기 일쑤였다. 이날은 그녀가 저녁을 사겠다 하여 근처 식당에 갔다. 음식을 기다리며 대화를 나누던 때였다. 순간 묘한 기분이 들었다.

"잠시만요. 혹시, EBS에서 라디오 프로그램 진행하신 적 있어요?"

반신반의했다. 당시 진행자는 영어 이름을 썼으니까. 설마 했는데, 웃으며 고개를 끄덕였다. 즉시 모든 경계심이 허물어졌다. 고등학생 때 팬이었던 사람이 눈앞에 있었다.

일이 많았다. 밤 12시 전에 퇴근하는 날이 한 손으로 꼽을 정도였다. 회사는 야근을 권장하며 택시비를 대줬다. 하루 평균 4만 3천 원이었다. 한 달에 90만 원 상당의 영수증을 제출한 셈이다. 낮에는 "월급이나 올려주지" 푸념했다. 밤에는 "도착하면 깨워주세요" 말만 남기고 기절하듯이 잤다.

주변에서 때려치우라고 성화였다. 그런데, 뭔가에 씌었었나 보다. 버티고 싶었다. 그만두면 나약한 사람인 것 같았다.

식사하며 이런 얘기를 이어갔다. 그녀는 돈으로라도 보상받는지 궁금해했다. 월급은 100만 원도 채 안 됐다. 얼굴을 찌푸리다가 진지하게 물었다.

"자기, 학원 강사는 어때?"

생각지 못한 제안이었다.

"월급이 100만 원도 안 된다며. 아침부터 새벽까지 일하면서.

일단 초등부로 들어가. 지금보다 일은 적고, 월급은 많을걸? 경력이 없으니까 월 140만 원 정도 받을 거야. 적긴 하지만, 자기 현재월급보다는 많고 경력이야 쌓으면 되니까."

그날 밤, 피곤한데도 잠이 오지 않았다. 엄마에게 얘기를 전했다.
"그 길도 괜찮을 것 같아. 아니, 지금보다 훨씬 나을 거야. 도전해 봐. 우리 딸, 가르치는 거 잘하잖아."

길게 고민하지 않았다. 새벽까지 일하지 않고 월 140만 원을 버는 게 목표였다.

구인 게시판을 살폈다. 지원할 곳이 많지 않았다. 차가 없어 먼곳은 제외하고, 경력 강사를 뽑는 곳도 피해야 했다. 결국, 근처초·중등 영어학원에 신입으로 지원했다. 시범 강의를 본 원장이말했다.
"진행은 미숙한데, 에너지가 마음에 드네요."
하루 여덟 시간 근무, 월급은 바라던 대로 142만 원이었다. 1년을 하다가, 원장이 바뀌며 그만뒀다.

중·고등부도 궁금해요

초·중등부에서는 월급을 올리는 데에 한계가 있다고 들었다. 다시 구인 게시판을 뒤적였다. 경력은 1년이 전부였다. 그런데도 2년 이상 경력을 내건 학원에도 지원했다. 자기소개서에 강사로 했던 노력을 빼곡히 적었다.

며칠 후, 연락이 왔다. 면접 볼 기회도 없을 거라 여겼던 곳이었다. 학생이 빠져나간 밤 10시에 도착했다. 로비에 들어서니, 원장과 부원장이 맞이했다. 시범 강의는 한 명만 보겠다며 빈 강의실로 안내했다. 부원장이 뒤쪽 중앙에 앉았다. 강단에 올라 교탁 모서리를 꾹 쥐었다. 강의가 시작됐다. 첫 번째는 문법 수업이었다. 관계사 설명을 이어가던 중, 부원장이 손을 들었다. 그러더니 절반은 수업한 곳에서, 나머지 절반은 다른 개념에 대해 질문했다. 대답하고 숨을 돌리려는데, 독해 문제집을 건넸다. 즉석에서 지문을 읽고 해석해달라 했다. 끊어 읽던 중, 다시 손을 들었다. 본원에서는 모든 문장을 통으로 해석한다고 했다. 시키는 대로 해봤다. 매끄럽게 되지 않아, 손에 든 프린트가 잘게 떨렸다.

시범 강의가 끝나고, 면접을 볼 차례였다. 이번에는 원장도 함께였다. 고등부 지문을 맡기기가 불안하다고 했다. 원래 경력 미달로 면접도 안 보려 했는데, 자기소개서가 인상적이었단다. 수업에 대한 조언 및 격려가 이어졌다. 함께 하고 싶다는 얘기만 쏙 빠졌다. 떨어진 게 분명했다. 집에 도착해서 천장만 바라보다 컴퓨터를 켰다. 면접 기회를 줘서 감사했고, 오늘의 조언을 새기겠다는 메일을 보냈다. 경력을 쌓고, 기회가 되면 다시 지원하겠다는 말도 더 했다.

다음 날, 원장이 다시 연락했다. 중·고등부에도 첫발을 떼게 되었다.

회사원이 강사가 되는 데 여러 도움이 있었다. 처음 이 길을 알려준 강사 덕분에 희망을 보았다. 등을 떠밀어준 엄마 덕분에 도전했다. 초보자에게 일을 맡겨준 원장들 덕분에 경험했다. 일은 적성에 맞았다. 노력하면 얼마든지 더 나은 대우를 받을 수 있었다. 경력이 짧아도 가능했다. 매력적이었다. 실력을 쌓는 데에 집중했다. 학원은, 더 성장할 기회를 줬다.

3. 건강으로 돈을 삽니다

원장이 바뀌고 3개월이 지났다. 월급이 270만 원에서 300만 원으로 올라 신나게 일했다. 혹자는 주 6일 근무치고 적다고 했다. 주 5일 140만 원을 받던 때에 비교하면 감지덕지했다. 이날도 원래 출근 시간보다 한 시간 일찍 도착했다. 수업 준비 중 핸드폰이 울렸다. 원장 호출이었다.

원장실을 노크했다. 안으로 들어서자, 중앙 탁자를 가리키며 앉으라 했다. 탁자 위에는 종이 몇 장이 놓여있었다. 힐끔거리는 대신 원장에게 시선을 고정했다.

"요즘 일하는 데 불편한 점은 없으세요?"

없다고 대답하자, 종이 뭉치를 쓱 밀었다.

"선생님, 제가 비율제를 제안하려고요."

새로운 계약서였다.

비율제라. '잘하면 대박, 못하면 쪽박'이라는 학원인 커뮤니티 댓글이 떠올랐다. '동네 학원에서는 얻기 힘든 기회'도 더해졌다. 솔깃했다. 커다란 전환점이 될 거란 예감이 들었다. 그런데도 거절했다. 원장이 이유를 물었다. 다른 강사들은 흔쾌히 수락했단다. 자신이 없어서라고 털어났다. 원장은 잠시 고민하더니 말했다.

"일단 해보세요. 6개월 동안 기본급 300만 원 보장할게요. 하다가 정 안 될 것 같으면 월급제로 돌아가셔도 돼요."

비율제가 시작됐다. 제본부터 해서 조교가 하던 업무도 맡았다. 퇴근 전에는 학부모에게 메시지를 보냈다. 1) 숙제 완성도 2) 단어 시험 점수 3) 듣기 시험 점수 4) 쪽지 시험 및 단원평가 점수 5) 반 평균을 적었다. 그러다 얼마 안 있어 6) 추가 의견을 더했다. 수업에서 잘한 점, 고쳐야 할 점, 새로이 발견한 점 등을 썼다. 쓸 게 없으면 하다못해 근황을 나눴다. 매번 짤막한 편지를 보낸 셈이다. 전화 상담도 유지했다. 하기 싫으면 안 해도 됐다. 상담 주기를 자율에 맡겼기 때문이다. 그런데도 했다. 원장이 왜 비율제를 선호하는지 이해됐다.

시험 자료에도 공들였다. 강사 셋이 같은 학년을 담당하다 보니, 아이들이 자료를 비교했다. 시험이 끝나면 반 이동도 요청했다. 강사들의 신경전이 심해졌다. 원장은 자료를 공유하라고 했지만, 누구도 필살기를 내놓지 않았다. 물론, 월급제일 때도 경쟁은 있었다. 자존심 때문이었다. 비율제에는 자존심에 돈까지 엮였다. 민감해질 수밖에 없었다. 아이가 반을 옮기느니 퇴원하는 게 나을 정도였다.

초라한 550만 원

통장에 400만 원이 찍혔다. 그날 은행 앱을 수시로 켰다. 숫자에 웃게 될 줄이야. 다음 달, 400만 원이 또 들어왔다. 별 감흥이 없었다. 그저 500만 원이라는 목표가 생겼다. 담당 학생 수를 늘려야 했다.

이어진 시험 기간, 8주를 쉬지 않고 일했다. 정규 수업이 6일이라 일요일에만 보충을 잡을 수 있었다. 의무 보충은 3주지만, 학교가 섞인 게 문제였다.

"A 학교를 봐줄 때 B 학교는 문제 풀고, B 학교를 봐줄 때 A 학교는 문제 푸는 식으로 진행하세요."

원장 조언을 따른 지 일주일이 지났다. 중하위권 아이들이 뒤처지기 시작했다. 함께 하는 학교가 많을수록 정도가 심했다. 월급제에서는 학교별로 편성된 반을 맡았다. 비율제에서는 원장 마음대로 반을 구성할 수 없었다. 담당 학생 수가 곧 월급이니까. 그러다 보니 어떤 학교는 한두 명이 전부였다. 어쨌든 내 학생이었다. 누구도 놓치기 싫었다. 나를 갈아 넣는 게 답이었다. 90분 수업에 세 학교가 있으면 각각 따로 불렀다. 수업이 270분으로 늘었다. 자료를 제작할 시간은 빠듯했다. 퇴근 후에도 일에 매달렸다. 하루 평균 두 시간 잤다. 초콜릿을 뭉텅이로 사고, 수업 직전에 에너지 음료를 마셨다. 그렇게 550만 원이 찍혔다.

좋았다. 그런데 하루는커녕 반나절도 가지 않았다. 월 1,000만 원을 번다는 강사들이 떠올랐다. 550만 원이 성에 차지 않았다. 주말에만 일해도 이만큼 받는 사람이 있던데…. 두 달 동안 일한 시간을 계산했다. 시급으로 따져보니 처참했다. 강사로 성장해 월급이 오른 게 아니었다. 그 와중에 두드러기가 다리 전체를 덮은 지 오래였다. 면역 체계가 무너져 약도 듣지 않았다. 건강과 돈을 교환했다는 결론이 났다. 쉬어야 한다는 생각 반, 어떻게든 버텨야 한다는 생각 반이었다.

버티기로 했다. 그렇게 마음을 다잡았지만, 상황은 나빠졌다. 다른 반에서 태도 불량으로 지적받은 아이들을 맡기 시작했다. 원장이 요구하는 일도 점점 늘어났다.

어느 날, 출근길에 뜬금없이 눈물이 났다. 슬픈 건 아니었다. 전철에 멍하니 앉아있었을 뿐이다. 그러다 학원 출입문에서 입꼬리를 올리고, 강의실에서는 크게 웃었다. 퇴근길에는 다시 고개 숙여 울었다. 이런 날들이 이어졌다. 그러다 '그만둬야겠다' 생각했다.

원장은 당황했다. 일주일만 더 생각해 보라고 했다가, 그런데도 그만둔다고 하자 설득하기 시작했다. 어떤 말도 귀에 들어오지 않았다. 마침내 구인 공고를 내던 날, 원장실로 불렀다.

"선생님, 여기만큼 선생님을 인정해 주는 곳은 없을 거예요. 저야 선생님을 겪어봤으니 이만큼 대우를 해드리는 거죠. 다른 곳에서는 다시 처음부터 시작하셔야 해요. 잘 되리라는 보장도 없고요."

아쉬움이 섞인 협박처럼 들렸다. 하지만 결심했다. 돈도 돈이지만 일단은 살고 봐야겠다고.

4. 일보다 사람이 무서워요

2021년 이직한 학원의 인수인계 마지막 날, 전임자에게 물었다.

"이 학원에서 잘 버티고 싶어요. 어떤 게 중요할까요?"

업무 관련 조언을 기대했다. 하지만 사람을 조심하라는 대답이 돌아왔다. 동료 강사 말이다.

뭐든 겪어봐야 안다는 주의이다. 그녀 스스로 주위에 벽을 쳤을 가능성도 있었다. 동료와 어울리는 모습을 본 적이 없으니까. 하지만 한 달도 안 되어 깨달았다. 정말로 사람을 조심해야겠다고.

아홉 명의 강사 중 일곱이 여자였다. 교무실은 없었다. 수업이 없으면 각자 강의실에 머물렀다. 남자 강사들은 좀처럼 밖을 나오지 않았다. 여자 강사들은 두 무리로 나뉘어 돌아다녔다. 근무 2주차, 노크 소리가 났다. A 강사로, 전임자가 가장 먼저 접근할 거라던 이였다. 문틈으로 얼굴을 내밀며 커피 마시러 가자고 했다. 어떤 사람인지 궁금해 따라가려다 마음을 바꿨다. 일에 적응이 먼저였다. 친목 다질 여유가 없었다. 뭘 먹어도 체할 것 같다며 다음을 기약했다. 몇 번 더 거절했더니, 어느 날은 아예 자리를 잡고 앉았다. 바쁘다고 해도 소용없었다. 학원이 어떤지, 일은 익숙해졌는지 물었다. 정신을 바짝 차려야 했다. 전부 원장 귀에 들어갈 테니까. 전임자는 같은 상황에서 솔직히 답했다. 부정적인 의견도 가감 없이 나눴다. 그녀의 실수를 되새기며, 힘든 점을 얘기할 때 '나'에 초점을 맞췄다. 내가 부족해서 겪는 문제며, 내가 나아지면 해결될 일이라고 말이다. 이후로도 비슷한 대답을 반복했다. A 강사의 방문이 뜸해졌다. 대신 B, C 강사가 다가왔다. 역시 전임자가 말한 두 명이었다. 이들과도 같은 과정을 거쳤다.

한 달 후, 원장과 면담할 기회가 있었다. 그가 바라는 점을 물었다.

"궁금한 건 직접 물어봐 주시면 좋겠습니다. 말은 어떻게 와전될지 모르니까요. 저도 필요한 건 원장님께 여쭙겠습니다."

어떠한 강사도 언급하지 않았다. 배경을 모른다면 생뚱맞은 말이었지만, 그는 알았다며 웃었다.

자발적인 깍두기

어떤 무리에도 들어가지 않았다. 적어도 석 달은 일에 집중해야했다. 조급하진 않았다. 결이 맞는 사람끼리 자연히 가까워지리라. 두 가지는 확실히 했다. 먼저 인사했고, 험담에 의견을 더하지 않았다. 오늘의 아군이 내일의 적이 될 수 있고, 그 반대도 마찬가지니까.

모두가 내 강의실을 드나들었다. 어떤 강사는 '사랑방' 같다고했다. 사랑방 주인, 일명 '깍두기' 생활을 이어갔다. 그러다 특정인을 편들어 줄 일이 생겼다.

누구 편에 설까?

새로 온 강사와 강의실을 공유했다. 그녀는 기합이 잔뜩 들어가있었다. 가장 먼저 출근했고, 알려주는 걸 꼼꼼히 메모했다. 한 달후, 각자 조용히 일하던 중에 핸드폰이 울렸다. 원장실로 향했다.

자리에 앉자, 원장이 새 동료가 어떤지 물었다.

"일을 열심히 하세요."

자세히 말해보라고 했다.

"성격이 좋아서 다른 선생님들과도 잘 지내세요."

원장의 반응이 시원찮았다. 어떤 답을 바라는지 알 수 없었다. 눈만 끔뻑거렸다. 잠깐의 침묵 후, 그가 입을 열었다.

"B 선생님 말씀으로는, 그분이 주식을 한다던데요."

B 강사가? 오늘도 둘이 한참 웃고 떠들다 갔는데? 표정에 신경 쓰며, 모르는 일이라 했다.

"괜찮아요, 선생님. 솔직하게 말씀하셔도 돼요."

솔직히든 뭐든 모른다는 말만 되풀이했다.

강의실로 돌아왔다. 자리에 앉아 그녀를 불렀다.

"그대로 모니터 보는 척하세요."

고개를 돌리려 하는 걸 막았다. CCTV가 신경 쓰였다.

"혹시 학원에서 주식 하세요?"

원장과 나눈 대화를 전했다. B 강사 얘기는 뺐다. 그런데도 그녀가 B 강사를 지목했다. 긍정도 부정도 하지 않았다. 주식을 했는지만 재차 물으니, 투자 화면을 보여준 적은 있다고 했다. 그게 전부고, 맹세코 학원에서 주식은 안 한다고 했다. 오히려 B 강사가 전

날에도 종목을 추천해달라 했다며 분개했다. 섣불리 위로하지 않았다. 모두가 지켜볼 때이니, 뭐든 조심하는 게 좋겠다고만 했다.

훗날 그녀가 왜 도와줬냐고 물었다. 고마우면서도 특이한 사람 같았다나. 글쎄. 강사가 강사 편을 들어야지 누구 편을 들겠냐가 다였다. B 강사를 첩자로 여겼다. 원장은 비겁해 보였다. 하지만 이제는 원장 입장도 되어본다. 강사가 근무 중 다른 일에 빠져있다면 얼마나 곤란할까. 이를 귀띔해 주는 강사가 고마우면서도 든든할 것이다. B 강사는 학원을 위해 칼을 빼 들었는지도 모르니까. 결국, 누구의 편에 설 것인가에 정답은 없다. 각자의 입장이 있다.

5. 첫 출근인데 그만둘게요

출근 첫날, 강의실에 들어서자마자 고민했다.

'그만둘까?'

실수였다. 시범 강의를 한 곳이 괜찮아서 방심했다. 전부 다 살필걸. 내 강의실은 더러웠다. 바닥에 먼지와 머리카락이 굴러다녔다. 물티슈로 문질러봤다. 때가 새카맣게 묻었나. 책장도 가관이었다. 6년 전 프린트부터 그만둔 강사 업무 일지까지, 가지런히 꽂혀 있지도 않았다. 종이 무덤이었다. 벽은 낙서로 가득했다. 키가 닿는 곳이면 어디든 있었다. 뛰쳐나가고 싶어서 발이 근질거렸다. 하지만 그만둔다고 하기에는 늦었다.

1년만 버티기로 했다. 일주일 후, 원장이 소감을 물었다. 말이 곱게 나갈 것 같지 않았다. 질문부터 했다.

"포장할 건 포장해서 말씀드릴까요, 아니면 다 말씀드릴까요?"

재밌다며 웃더니, 솔직하게 말하라고 했다. 사양하지 않았다.

"원장님이 환경에는 전혀 투자하시지 않는 것 같아요."

최단기 퇴사를 고려한 이유를 낱낱이 말했다.

"원생이 무려 380명이잖아요. 너무 열악해서 깜짝 놀랐어요."

화내거나 민망해할 거라고 예상했다. 건방지다며 차라리 해고하길 바랐다. 하지만 표정 하나 바뀌지 않았다.

"선생님, 유명한 막걸릿집 말이죠. 가보면 벽에 이런저런 낙서가 있잖아요. 다 추억 아닌가요? 저도 가끔 아이들 낙서 구경해요. 10년 전 것도 찾아보면 재밌던데요?"

"거긴 막걸릿집이고 여긴 학원이잖아요."

청소에 관해서는, 용역 쓰는 돈을 아껴서 강사 월급을 더 준다고 했다. 그래서 강사가 직접 관리하는데, 전임자가 정리 정돈을 안 한 탓이라나. 전임자가 아니라 전임자 '들' 같고, 원장도 책임이 있다고 답했다. 비슷한 대화가 이어졌다. 더는 말하고 싶지 않았다.

"그렇지 않아도 조만간 도배할 거예요."

'조만간'이 언제일까. 2년이 지난 지금도 아니다.

청소도구가 없어서, 마커가 안 나와서, 빔프로젝터가 자꾸 꺼져서, 의자가 고장 나서, 하나밖에 없는 복사기에 하루에만 열 번째 종이가 걸려서, 종이가 떨어져서, 8년 동안 청소 안 한 에어컨에 냄새나서…. 여러 가지 이유로 원장실을 찾았다. 동료들은 괜히 힘 빼지 말라고 했다. 소용없다고 말이다. 그런데도 갔다. 갈 때마다 1년만 채우자고 결심했다.

며칠 전, 원생 수가 580명이 넘었다는 소식을 들었다. 환경은 그대로였다. 원장에게 환경을 넘어서는 비결이 있나 보다. 무엇인지는 알아내지 못했다. 6년째 근무 중인 동료조차 말이다. 깨끗한 환경, 중요한 게 아니었나? 그런데도 개원하면 열심히 쓸고 닦자고 다짐했다. 아이들에게 미안한 마음, 수업마저 초라해지는 기분. 내 교습소에서는 사양이다.

뒤통수는 치지 맙시다

네 명의 원장과 일했다. 학원을 떠난 한 명 빼고, 모두가 돌아와

달라고 했다.

출근이 가장 빨랐다. 도착해서 수업 전까지 자료를 만들었다. 수업은 마지막 1분까지 채웠다. 상담에서 날짜를 따지지 않았다. 필요하면 바로 했다. 퇴근은 원장과 함께였다. 때로는 문단속도 했다. 친구는 돈 받는 만큼만 하라고 했다. 그 이상 해 봤자 이용당할 뿐이라고. 귀를 막았다. 내 성장을 위한 거라고 세뇌했다. 꾸준히 하니 원장 태도가 달라졌다. 시험 결과가 안 좋아도 질책 대신 격려했다. 비슷한 성과를 낸 동료에게는 다른 반응이었다.

퇴사는 한 달 반 전에 말했다. 석 달을 달라고 한 원장도 있었다. 역시 수락했다. 그리고 마지막 근무일까지 촉각을 곤두세웠다. 그만두니 대충 한다는 말은 사양이었다. 평소 하던 실수도 다르게 받아들여질 것 같았다. 그동안 쌓아온 신뢰를 끝에 가서 망치기 싫었다.

아이들에게도 내색하지 않았다. 어떤 원장은 조용히 나가길 바랐다. 퇴사하고 먼저 연락을 준 학생에게만 인사했다. 인사하고 가라는 경우도 있었다. 후임자에 관해 묻고, 어필하기 좋은 부분을 기억했다. 학부모에게 인사하며 해당 내용을 전했다. 평일이 안 되면,

주말에라도 전화했다. 문자만 남겨놓고 끝내지 않았다.

인수인계에도 시간을 들였다. 쉽게 찾아볼 수 있도록, 최대한 글로 남겼다. 수업을 넘기고부터는 여러 일에 자처했다. 채점, 교재 제본, 단원평가 시험지 제작, 시험 감독, 결석 보충을 도왔다. 동료들과 끝까지 웃으며 근무했다.

그만두고 나서 학생이나 학부모에게 연락하지 않았다. 과외 요청도 거절했다. 유혹에 들 때도 있었다. 하지만 학원이 맺어준 인연이었다. 처음 왔을 때를 떠올렸다. 아이들이 전임자와 친해서 틈을 비집고 들어가기 힘들었다. 지금은 나를 따른다. 내가 특별해서가 아니다. 함께한 정(情), 그뿐이었다. 학생에게 연락이 오면, 새 강사와 열심히 공부하라고 했다. 섣불리 판단하지 말라는 당부도 잊지 않았다. 칼 같은 태도를 섭섭해한 학부모도 있었다. 어쩌겠는가. 새 강사가 바통을 이어받았다. 그만둔 사람이 개입해서는 안 됐다. 아이들이 끝끝내 퇴원하는 건 다른 문제였나.

원장의 서운함을 막을 수는 없었다. 어떤 이는 마지막 근무일이 다가올수록 기분이 널을 뛰었다. 섭섭하다고 하다가, 후임자를 자랑하다가, 언제 돌아올 거냐고 묻다가, 다른 데 가서는 인정 못 받을 거라고 했다. "내가 너한테 얼마나 잘 해줬는데 나한테 이럴 수 있어?" 비슷한 얘기도 들었다. 이별 통보받은 연인 같았다. 그러 더니 그만둔 후에도 연락했다. 나이가 오십이 넘어도 환영이란다. 모든 건 의리를 지킨 덕분이다.

개원한 교습소는 기존 학원들과 멀리 떨어져 있다. 이들을 다시 볼 가능성은 거의 없다. 혹시라도 마주친다면? 떳떳하게 인사할 수 있다. 이것만으로도 마무리를 잘한 보람이 충분하다.

6. 원장이 되겠습니다

2022년 가을, 학원 생활이 무탈했다. 일에 익숙했고, 동료 강사들과 죽이 맞았다. 월급도 오를 예정이었다. 그런데 왜일까. 편한데 동시에 불안했다. 5년째 같은 직급인 동료를 보면 승진이 멀었다. 월급 상승 폭도 일정했다. 무엇보다 치열한 경쟁이 그리웠다. '고생을 자처하는구나' 어이가 없었다. 구직활동부터 새로 적응하기까지, 그만두면 귀찮은 일 천지였다. 그런데도 도전하고 싶었다. 나이 30대 후반, 슬슬 마지막 학원을 찾아야 했다. 결국, 퇴사했다.

친구가 개원하는 거냐고 물었다.

"에이, 아니야. 50대에 강사로 은퇴할 건데 무슨."

원장이 된 모습이 상상이 안 됐다. 그럴만한 그릇이 아니었다. 대범하긴커녕 사소한 일도 스트레스였다. 수업만 하기도 벅찬데 개원이라니, 꿈도 꾸지 않았다.

두 달 동안 구인 게시판을 살폈다. 마땅한 곳이 없었다. 슬슬 조급해졌다. 예전 학원으로 돌아갈까 싶었다. 원장이 2주 간격으로 연락을 주던 터였다. 친구는 이참에 개원하라고 바람 넣었다. 준비가 안 됐다는 타령에는 이렇게 답했다.

"완벽하게 준비되는 날은 절대 안 와. 어떤 일이든 그래. 일단 시작하면 어떻게든 굴러가게 되어있어."

엄마도 등 떠밀었다. 남의 사업장에서도 열심히 일했는데, 내 것에서는 더하지 않겠냐고 했다.

"그러다 망하면 어떡해."

다시 시작하면 된다고 했다.

"넌 기본적으로 책임감이 있잖아. 엄청나게 잘 되진 않아도, 망하진 않을 거야."

'넌 잘할 수 있어'라는 말보다 마음에 와닿았다. 개원을 추진할 만큼은 아니었지만.

한 달을 더 기다렸다. 자리는 여전히 없었다. 심란했다. 인터넷에 명언을 검색했다. 눈길을 사로잡는 게 있었다.

Do what you can, with what you have, where you are. - Theodore Roosevelt (네가 있는 곳에서, 네가 가진 것으로, 네가 할 수 있는 일을 하라.)

문법 문제집을 풀던 중이었다. 가정법이 끝나는 페이지에 명언이 있었다.

If you really want to do something, you will find a way. If you don't, you will find excuses. - Jim Rohn (만약 무언가를 정말 하고 싶다면, 너는 방법을 찾을 것이다. 정말 원하는 것이 아니라면, 너는 변명거리를 찾을 것이다.)

개원하지 않는 이유로 들었던 말이 스쳤다. 고작 핑계였던 건 아닐까.

학원을 왜 그만뒀더라? 편안함을 즐기지 못해서가 첫 번째였다. 더 깊이 파고들었다. 욕심이 자리하고 있었다.

성적 잘 나오는 반은 원장 차지였다. 무례한 학부모도 원장 앞에서는 순한 양이었다. 수업에 새로 적용하고 싶은 게 있으면 원장 허락이 먼저였다. 반대로, 하라는 건 두말하지 않고 해야 했다. 결국, 권력과 주도권을 바라고 있었다. 이를 내려놓지 않는 한, 어디에서든 같은 결과를 맞닥뜨릴 게 불 보듯 뻔했다. 내 학원이 아닌 이상, 가질 수 있는 것에 한계가 있었다.

욕심을 인정하니, 더는 강사로 남기 싫었다. 권력이든 주도권이든 손에 쥐어 보고 싶었다. 가족과 친구의 말을 믿기로 했다. 전해 듣는 내 모습은 생각만큼 유약하지 않았다. 작게 타고난 그릇, 원장으로서 이런저런 풍파도 겪어보며 키우고 싶었다. 끝끝내 강사로 돌아오는 미래도 그려봤다. 실패보다 경험으로 받아들일 준비가 됐다. 원장 출신 강사, 더 넓은 시야로 일할 수 있지 않을까. 까짓것, 해보자. 망해도 다시 시작하면 된다.

7. 프랜차이즈 추천하나요?

개원에 용기가 필요했다.

"까짓것, 망해도 돼!"

기합 넣을 겸 센 척도 해봤다. 그러다 마음을 고쳐먹었다. 처음부터 최악을 가정할 필요 없었다. 이왕 하는 도전, 성공이 목표다.

정보 수집이 먼저였다. 유튜브에서 '학원 창업'을 검색했다. 이것저것 클릭해 시청했다. 도움 되는 내용이 뒤죽박죽으로 들어왔다. 글로 정리된 게 필요했다. 관련 책을 다섯 권 읽었다. 절차에 감 잡히기 시작했다.

개인 브랜드와 프랜차이즈를 고민했다. 간섭이 싫어 전자가 끌렸다. 하지만 신경 쓸 게 많았다. 커리큘럼은 기본, 로고와 상징색 결정도 내 몫이었다. 정했다고 한들, 그 밖에 모든 걸 혼자 하기 막막했다. 프랜차이즈로 마음을 굳혔다. 도움받을 부분에 집중했다. 비용과 간섭이 감당할만했다.

완벽한 파트너를 찾아

브랜드를 비교했다. 사이트를 구경하고, 설명회에 참석했다. 다 그럴듯했다. 선택만 하면 성공 보장이었다. 기준을 세워야 했다.

1. 회사가 탄탄한가?

최근 급부상한 건 제외했다. 내 쪽에서 해지하기 전에 회사가 사라지면 안 된다.

2. 지사 활동이 적극적인가?

본사보다 지사에서 도움받을 일이 많다. 네이버 밴드, 블로그, 카페 등에 프랜차이즈 이름과 지역을 검색했다. 게시물이 주기적으로 올라오는 곳을 우선했다.

3. 직영 학원이 몇 개인가?

본사 커리큘럼이 직영 학원에 적용된다. 현장 실정에 맞춘 개선이 가능하다.

4. 원장 대상 교육이 철저한가?

다 알면 가맹 안 했다. 가맹학원을 늘리는 데만 집중하는 곳은 사양이다.

5. 판촉물이 잘 나오는가?

아이들이 좋아하는 디자인에 실용적이길 바랐다.

시시콜콜 따졌다. 제일 나은 선택이라 장담하진 않았다. 각자 장점이 있어서다. 하지만 내 브랜드를 최고라 여기기로 했다. 그래야 학부모를 설득할 테니까.

써보니 어때요?

1. 개원 전

- 일주일간 직영 학원 수업을 참관했다. 자기 주도식은 처음이었다. 궁금한 점은 질문하며, 수업을 어떻게 할지 머릿속에 그렸다. 학부모 상담 및 본사 사이트 이용 방법도 배웠다.
- 지사장과 하루 날 잡고 상가를 둘러봤다. 가맹학원이 있는 곳을 제외하며 범위를 좁혔다.
- 본사에 건물 외벽과 내부 사진을 보냈다. 일주일 후 간판과 시

트지 시안을 받았다. 업체에 넘기면 끝이었다. 현수막과 전단 디자인도 그대로 갖다 썼다.

- 인지도는 기대 이하였다. 개원 전 열 명 상담했다. 그중 두 명만 알았다. 10년 넘고, 가맹학원 수가 많은데도 그랬다.

2. 커리큘럼

- 커리큘럼 표는 상담 시 유용했다. 단계별로 교재가 정리되어, 하나하나 짚어가며 설명했다. 구성이 좋은 교재는 몇 권 사뒀다. 표와 연계해 보여주면 설득이 쉬웠다.
- 한 차시에 복습이 다양하다. 다루는 내용도 많지 않다. 웬만한 아이들은 따라가기 쉽다.
- 없애거나 더하고 싶은 부분이 있어도 바꾸기 어렵다. 교재 구매 의무와 관련 있다.

3. 운영

- 교재비 지출이 많다. 한 달에 한 권씩이지만, 아이에 따라 1.5권을 나가는 일도 비일비재하다.
- 매달 지사 회의에 참석한다. 수업과 운영 관련 교육을 듣고, 새로 나온 판촉 상품에 대해서도 안내받는다.

그래서 결론은요?

초보 원장에게 가맹 자체는 추천한다. 시행착오를 덜 겪으며 운영 경험을 쌓는 길이다. 브랜드는 아니다. 어느 곳이든 위에 열거한 정도의 도움은 준다. 내 마음에 드는지, 비용이 얼마인지 정도만 따져도 충분하다. 개원 전, 프랜차이즈에 기대가 컸다. 운영해 보니 결국 원장 능력이다. 애초에 대형 어학원이 아니고서야 다 비슷비슷하다. 학부모에게 내 브랜드를 몰랐다는 말을 열 번 듣고 나서야 깨달았다. 인지도에 기댈 수 없어지자 비용이 아쉬웠다. 매달 빠져나가는 돈이 상당했으니까. '더 싼 데를 고를걸' 후회했다.

프랜차이즈와의 인연은 언제까지일까? 수업에 내 색깔을 녹이고 싶을수록 고민은 커질 것이다. 시중에 나와 있는 좋은 교재를 활용하기도 쉽지 않다. 가맹 계약상 프랜차이즈 교재를 달마다 구매해야 하기 때문이다. 중등 내신 대비는 어떠한가. 학교별 맞춤 자료가 필수인데, 본사 커리큘럼도 따라야 하는 부담이 있다. 이러한 제약에서 벗어나고 싶지만, 아직은 독립하기가 두렵다. 내 커리큘럼에 확신이 생길 때, 이를 위한 보조 프로그램을 갖출 때. 그때는 작별하지 않을까?

8. 상가, 제 자리는요?

프랜차이즈에 가맹했다. 교습 형태를 정할 차례였다. 1인 체제를 원했다. 공부방, 교습소, 학원이 남았다. 생활공간과 업무공간 분리를 위해 공부방도 지웠다. 학원과 교습소 중 학원이 끌렸다. 같은 시간대 여러 명을 수용하고 싶어서다. 하지만 돈이 문제였다. 작은 평수로도 가능한 교습소를 택했다.

이제는 자리다. 책과 유튜브를 통해 기준을 세웠다. 주변 학교 학생 수 600명, 아파트 2,000세대 이상. 물론, 많으면 많을수록 좋다. 보증금과 월세는 각각 1,000만 원에 80만 원 또는 3,000만 원에 50만 원 예상했다. 상가를 둘러보기 시작했다. 처음부터 장애물이 등장했다. 마음에 든 자리는 이미 같은 브랜드 학원 차지였다.

'1년만 더 일찍 개원할걸.'

상가 자체도 별로였다. 초등학교 앞 2층이라고 해서 가보면, 입구에서부터 진한 한증막 냄새가 났다. 어떤 곳은 3층인데 엘리베이터는커녕 계단이 좁고 가팔랐다. 아파트 단지 앞 1층 상가도 가봤다. 바닥 모양이 특이해서 공간 분리가 애매했다. 뒷골목에 다닥다닥 붙어있는 학원가도 살폈다. 대로변에 대형 학원이 밀집되어, 교습소는 눈에 띄기 힘들었다. 결국, 예산을 넘어야 했다.

아파트 단지 내 상가를 찾았다. 세대수가 많은 신축 아파트로, 학교도 가까웠다. 숨통이 트였다. 그러다 임대료를 알고 다시 막혔다. 15평인데 보증금 4,000만 원에 월세 200만 원이었다. 부가가치세와 관리비를 더하면 240만 원으로 올랐다.

'이게 현실인가.'

다른 아파트 상가로 이동했다. 15평에 보증금 2,000만 원, 월세는 다 포함해서 160만 원이었다. 단, 세대수 2,000 미만에 학교 전교생은 600명이 안 됐다. 거리도 멀었다. 등교하려면 큰길을 두 번 건너야 했다. 상가는 공실투성이었다. 그나마 있는 업종도 호프집, 부동산, 미용실, 세탁소였다. 후문을 지나 태권도와 피아노 학원이 있을 뿐이다. 같은 건물이 아닌 게 아쉬웠다. 더 둘러보고 싶었다. 하지만 중개업자가 준비한 마지막 매물이었다. 고민했다. 앞서 봤던 상가들은 도저히 자신 없었다. 결국, 이곳으로 정했다. 처음 세웠던 기준을 무너뜨렸다. 입지가 중요하다던데, 최종 선택한 곳이 최선이 아니었다. 심란했다. 어쩔 수 없다고도 생각했다. 마음에 쏙 드는 자리가 나오길 하염없이 기다릴 수 없으니까. 한 번 정한 이상, 죽이 되든 밥이 되든 최선을 다하자 다짐했다.

돈도 생각보다 더 드네요

12월 7일 상가 계약금 입금, 1월 16일이 잔금 치르는 날이었다. 월세 압박이 가까웠다. 개원을 최대한 앞당겨 학생 한 명이라도 모집해야 했다. 인테리어 계약이 시급했다.

업체를 알아보자니 겁부터 났다. 인테리어는 바가지 쓰기 쉽다는 말이 떠올랐다. 자재 시세를 모르니, 견적서를 봐도 소용없다고 말이다. 그런데 돈보다 더 무서운 게 있었다. 교육청 실사 통과였다. 공사 다 끝났는데, 허가가 안 난 원장도 있었다. 교습소는 학원

만큼 까다롭지 않다. 그런데도 불안했다. 학원 인테리어 전문 업체를 알아봤다.

12월 13일, 한 업체와 연락이 닿았다. 학원장들 사이에서 평이 좋은 곳이었다. 공사 시작일로 1월 16일을 문의했다. 하지만 1월 일정이 다 차 있었다. 1, 2월에 개원하는 곳이 많은 탓이다. 2월 초까지 기다리기로 했다. 그러다 일정 하나가 취소되어, 1월 17일부터 공사를 잡았다.

1월 10일, 사장이 실측하러 왔다. 15평인 줄 알았는데 14.4평이었다. 직사각형 구조로, 중간에 벽을 세워 대기실과 강의실을 구분키로 했다.

"예산은 어느 정도 생각하세요?"

"처음 개원하는 거라서요. 아낄 수 있는 부분은 최대한 아끼고 싶습니다."

얼마나 멋지게 꾸미느냐에 따라 비용이 천차만별이었다. 욕심을 내려놓았다. 맞춤식 책상부터 취소했다. 나무로 짠 벽에 고정하는 식이었는데, 강화유리 칸막이까지 해서 하나에 15만 원이었다. 의자는 별도였다. 교구 회사에서 구매하면, 책걸상 세트로 9만 원이었다. 차이가 상당했다. 사장은 시중 책상이 금방 망가진다며,

나중에 후회하지 말라고 했다. 잠깐 흔들렸지만, 남은 돈은 CCTV 설치에 보탰다.

도면과 견적서가 나왔다. 도면에는 중문 달린 벽을 기준으로 대기실과 강의실이 나뉘어있었다. 대기실에는 분리수거함과 붙박이 소파, 강의실에는 칠판과 콘센트 여섯 개가 표시됐다. CCTV도 네대 설치하여 사각지대를 없앴다. 총 1,200만 원이었다. 천장에 시스템 에어컨이 있어, 냉난방 공사가 빠졌다.

1,200만 원. 14.4평에 나름 선방했다고 안심했다. 하지만 돈 나갈 데는 더 있었다. 개원하면서 든 비용을 정리했다. 부가세는 제외다.

가구는 중고로 사는 걸 추천한다. 아무리 관리해도 흠집 나는건 금방이더라. 초등부가 있다면, 책상 아래에 코딱지도 잔뜩 말라붙는다. 처음 발견했을 때 얼마나 놀랐던가. 낙서는 말할 것도 없다. 강사일 때는 내 책상만 치우느라 몰랐다. 아이들은 상상 이상으로 물건을 험하게 다룬다.

<개원 비용>

구분	세부항목	금액	합계액
상가 보증금			2,000만 원
인테리어			1,200만 원
입주 청소			32만 원
간판과 시트지			270만 원
가구	책걸상 세트 9개	78만 원	150만 원
	테이블 2개	20만 원	
	컴퓨터용 책걸상 세트 2개	17만 원	
	의자 3개	8만 원	
	책장 2개	21만 원	
	배송비	6만 원	
기타 1 (월별 비용)	출결 프로그램 (카드 리더기 포함)	3만 원	8만 원
	정수기	2만 5천 원	
	인터넷	2만 5천 원	
기타 2 (일회성 비용)	컴퓨터 2대	80만 원	376만 원
	프랜차이즈 교재와 어학기	225만 원	
	복합기	28만 원	
	청소기	13만 원	
	의자	6만 5천 원	
	서류함	3만 5천 원	
	문구류 등 기타	20만 원	
총계			4,000만 원

9. 자린고비 원장 vs. 돈 쓰고도 욕먹는 원장

개원 준비 중, 결제 문자를 하루가 멀다고 받았다. 강사 시절엔 당연하던 비품인데, 직접 채우자니 다 돈이었다. 개원 후에도 지출할 데 천지였다. 수리 비용이 더해졌다. 들어오는 돈은 뻔한데, 나가는 돈은 예상 밖이었다. 과거 원장들이 생각났다. 조금은 이해하게 됐다. 자린고비 원장 이야기부터 시작한다.

냉난방기 리모컨이 작동 안 했다. 실장에게 건전지 받으러 갔더니, 원장이 직접 관리한다고 했다.

'번거롭게 굳이?'

의아해하며 원장실을 노크했다. 했던 말을 반복하자, 리모컨부터 찾았다. 그리곤 안에 있던 두 개 건전지 자리를 바꿔 끼웠다. 화면이 떴다. 배터리 칸은 비어있었다.

"새 걸로 주시면 안 돼요?"

"일단 써보시고 안 되면 다시 오세요."

다음 날, 또 먹통이었다. 이번에는 바로 받았다. 잠시 후, 원장이 기존에 쓰던 건전지를 찾았다.

"버렸는데요."

어느 쓰레기통이냐고 물었다.

"다른 쓰레기하고 섞여서 찾으려면 통을 엎어야 해요."

앞으로는 다 쓴 건전지도 챙기라고 했다.

의자가 계속 내려가요

5번 강의실 의자가 말썽이었다. 앉으면 푸시시하고 내려앉았다. 아이들이 방귀 소리 같다고 키득거렸다.

코로나로 온라인 출석이 대부분이었다. 컴퓨터 앞에 앉아 접속

화면을 수시로 확인해야 했다. 강의실에 있는 아이들과도 눈 맞추려 허리를 최대한 늘렸다. 그래도 높이가 한참 부족했다. 참다 참다 5번 강의실 강사를 찾았다. 의자 얘기를 꺼내니 한숨부터 쉬었다. 그렇게 된 지 1년이 다 되어 간다나. 여러 번 건의했지만, 바꿔줄 낌새가 안 보인다고 했다. 어떤 강사는 포기하고 직접 사 왔다는 얘기도 들려줬다.

"목욕탕 의자라도 주면 좋겠네요. 내려가지는 않게."

농담에 웃고만 있을 수 없었다. 원장실로 갔다. 원장은 깜짝 놀란 듯한 표정으로 그런 줄 몰랐다고 했다. 우리끼리 얘기가 오갔다는 건 상상도 못 하겠지. 내색하지 않고, 하루속히 교체해달라고만 했다. 일주일이 지났다. 여전했다. 다시 찾아갔다.

"아, 맞다!"

맥 빠지는 소리와 함께 깜빡했다는 답이 돌아왔다. 일주일이 또 지났다. 동료 강사가 기마자세로 무게중심을 앞으로 두면 덜 내려간다고 했다. 팁이라고 부르기도 민망한 팁이었다. 이쯤 되면 이판사판이다. 월요일 정기 회의를 기다렸다.

회의가 끝날 무렵, 추가 발언 기회가 오자마자 의자 얘기를 꺼냈다. 3일 후, 새 의자가 도착했다. 다음 회의 시간, 원장이 의자는 편하냐고 물었다. 그렇다고 하자, 자신은 언제나 강사 편의를 봐주려 노력한다고 했다. 누구든지 의자가 불편하면 얘기하라고 말이다. 열 명의 강사와 실장 모두 고개를 숙였다. 의자가 추가 교체되는 일은 없었다.

눈 나빠지는 빔프로젝터

아이들이 눈을 비볐다. 뒤로 돌아 칠판을 확인했다. 교재가 이중으로 투사되고 있었다. 빔프로젝터를 껐다 켰다. 잔상은 사라졌지만, 화면이 미세하게 떨렸다. 맨 앞에 앉은 아이가 눈 아프다고 투덜댔다.

렌즈에 문제 생긴 지 오래였다. 원장은 매번 전문가 대신 강사를 불렀다. 불려 온 이는 가르치러 온 건지 수리하러 온 건지 모르겠다며 기기를 살폈다.

"렌즈 교체 외에는 방법이 없는 것 같은데요. 안 바꿔줄 게 뻔하니까 기대는 마세요."

가끔은 원장이 직접 껐다가 켰다. 하필 멀쩡하게 작동할 때가 있었다. 그 찰나 때문에 수리를 미루었다. 굴하지 않고 재차 건의했다. 하지만 학원을 그만두는 날까지 못 고쳤다.

돈, 돈, 돈!

"요즘 더 심하지 않아요? 매일 돈, 돈, 돈. 원생도 많은데 왜 그리 욕심부리는지 원."

동료 강사가 투덜거렸다. 원장에서 강사로 돌아온 이였다. 현재 학원 수익에 대해 자세히 말했다. 다른 강사가 놀라며 물었다.

"그렇게 많이 벌면서 맨날 남는 거 없다고 하는 거였어요?"

환경에 투자하는 원장이었다. 인테리어에 공들였고, 고장 난 건 바로 고쳤다. 수업과 관련된 거라면 늦게까지 남아서라도 해결했다. 비품을 가득 채우고, 추가 근무수당도 놓치지 않았다. 와중에 한 가지 아쉬운 점이 있었다.

원장 일과는 각 강의실을 돌며 시작됐다. LED 전등, 강사 월급, 프린터 수리, 종이, 마커, 교재, 냉난방기 등에 들어가는 비용을 읊었다. 며칠은 그러려니 했다. 나중에는 얘기를 꺼낼 때마다 생각했다.

'그래서 어쩌라고?'

자린고비 원장과 돈 쓰고도 욕먹는 원장, 어느 쪽이 더 나을지 고민하다 후자를 택했다. 자린고비라고 돈을 아예 안 쓰는 건 아니다. 가끔 쓰긴 하는데, 그걸 가지고 생색내니 더 얄밉다. 강사 자존감은 어떠한가. 교무실은 견딜만하다. 강의실이 초라한 건 참을 수 없다. 아이들이 불편해해도 바라볼 수밖에 없다. 어차피 스트레스를 받을 거라면, 아이들이라도 이를 피하는 게 좋지 않을까. 개원하고 나니 생각보다 돈 들어갈 데가 많다. '그 원장님도 오죽하면 그랬을까' 자린고비 원장이 이해될 때도 있다. 그렇다고 아이들 학습에 필요한 돈까지 아끼고 싶진 않다.

10. 교습소, 허가 좀 내주세요

바라던 걸 쥐고 모퉁이에 섰다. 잠시 멍하니 있는데, 누군가 어깨를 톡톡 두드렸다.

"축하드려요. 그리고 고생하셨어요. 화도 한 번 안 내시고….”

교육지원청 출입문 근처 직원이었다. 이곳을 들락날락한 지 일곱 번째. 여섯 번은 추가 서류 얘기를 듣고 돌아섰다.

"감사합니다."

웃음이 절로 나왔다. 드디어 신고필증을 손에 넣었다.

개원한 지 1년도 안 됐다. 그런데 벌써 오래전 일 같다. 당시 써둔 글, 주고받은 문자 및 메일을 참고하여 되짚어 본다.

의지할 곳은 교육지원청뿐

교습소로 결정하고 프랜차이즈를 가맹했다. 본사와 지사 교육을 마칠 무렵에 상가를 계약했다. 부동산을 끼고 진행하며, 중점을 둔 부분이 있다.

1. 건축물 용도 확인하기 : 건축물대장에 '제2종 근린생활시설(교습소)'이어야 한다. 학원 경영서와 블로그에서 용도변경이 중요하다 배웠다. 깜빡했다가는 임차인이 비용을 댄다고 말이다. 당시에는 '근린생활시설'로 표기되어 있었다. 변경 요청 후, 특약에 '교육청 허가를 받지 못할 경우, 본 계약은 무효'를 넣었다.

2. 계약 기간과 영업개시일 맞추기 : 최초 계약서에는 영업개시일이 계약 기간보다 늦었다. 이유를 물어보니, 렌트프리가 한 달이라 그렇단다. 영 찜찜했다. 양해를 구하고 교육지원청에 전화했다. 영업개시일부터 교육청 신고와 사업자등록이 가능하다는 답을 들었다. 렌트프리 시간은 그대로, 영업개시일만 앞당겨 수정했다.

상가 계약금을 넣었다. 잔금까지 치르면 돌이킬 수 없다. 교육지원청에 갈 차례였다.

일곱 번 방문

모든 과정은 참고만 하길 바란다. 교육지원청 내에서도 담당자마다 말이 달랐다. 직접 방문하는 게 가장 정확하다. 허가받기 전까지 교육지원청을 가까이하자 강조하고 싶다.

1. 첫 번째

상가 계약 다음 날, 부동산 중개인에게 요청하여 건축물대장 등본(표제부, 전유부)과 건축물 현황도(해당 층 전체)를 가져갔다. 용도는 여전히 '근린생활시설'이었다. 담당자가 지적해서, 임대인에게 변경 요구했다고 답했다. 이후 인테리어 업체와 계약했다. 견적서와 함께 받은 도면은 교육지원청 제출 서류로 챙겨두었다.

2. 두 번째

교육지원청 홈페이지에서 준비물을 확인했다. 교습소설립·운영신고서, 교습소 위치도, 대학 졸업증명서, 주민등록증 사본, 교습소 건축물대장 등본(표제부, 전유부), 건축물 현황도(해당 층 전체), 인테리어 도면, 임대차 계약서, 증명사진 2매를 가져갔다. 담당자가 프랜차이즈 가맹계약서도 필요하다 했다.

3. 세 번째

프랜차이즈 가맹계약서도 포함해서 제출했다. 이번 담당자는 더 꼼꼼했다. 총 10페이지에 달하는 임대차 계약서를 천천히 읽었다. 그러더니 임대인 부분을 가리켰다.

"법인이네요. 그런데 상호만 있지, 사업자등록번호가 없어요. 사업자등록번호를 적고 그 위에 인감도장을 찍던지, 아니면 임대인 사업자등록증을 챙겨오세요."

4. 네 번째

보증금을 낸 곳(A)과 월세를 내는 곳(B)이 다르다는 게 문제였다. 계약 상대방은 신탁(A)에 맡기는 거라 안전하다 했고, 중개인도 괜찮다며 동의했다. 교육지원청 담당자는 B와의 직접계약이 아니니, 임대차 계약서 대신 전대차 계약서를 가져오라 했다. 계약서를 아예 엎어야 할 판이었다. 추가 요청 서류도 있었다.

- A의 임대차 계약 동의서: 원 소유주인 A에서 B가 전대차 계약을 맺는 것에 동의한다는 계약서
- A의 인감증명서
- 상가 해당 호수의 등기부 등본

5. 다섯 번째

이번에는 부동산 중개인도 함께였다. 담당자가 셋이나 붙었다. 중개인은 추가 서류 제출 시, 전대차 계약서로 다시 작성할 필요는 없지 않냐고 설득했다. 결국, 세 가지 다 준비해 온다는 조건으로 허락받았다.

6. 여섯 번째

교습비 등록신청서도 미리 써서 가져갔다. 제출 후, 담당자에게 실사 날짜를 물었다.

"인테리어가 80%는 완료되어야 해요. 방음벽이나 붙박이장으로 면적이 달라질 수 있거든요."

준공일로부터 3일 전으로 예약했다.

실사 당일, 눈에 익은 담당자 두 명이 왔다. 함께 엘리베이터를 타고 지하 2층을 눌렀다.

"어? 지하 2층이요? 이러면 허가 안 나는데….'

"네? 아니, 여기가 아파트에서는 지하 2층인데요. 그렇다고 진짜 지하에 있는 건 아니고, 밖에서 보면 지상 2층이거든요?"

"방금 어떤 원장님네 교습소도 반 지하여서 허가 못 내드려서요."

담당자는 이 말만 남기고 복도를 바삐 걸었다. 인테리어 비용, 그리고 이를 써보지도 못하고 철거하는 데 들 비용이 떠올랐다. 담당자는 교습소에 들어서자마자 창문 밖을 살폈다. 그러더니 다시 발을 옮겼다. 이번에는 아파트 지하 주차장 쪽이 아닌, 상가 방향이었다. 바깥에 나오자마자 교습소를 올려다봤다. 지상 2층이 맞았다. 그제야 담당자의 표정이 풀어졌다.

"이제 됐어요. 신고필증 받으러 오시기 전에 해야 할 일 문자로 갈 거예요."

7. 일곱 번째

위택스로 교습면허세 18,000원을 낸 후 납부확인증을 챙겨갔다. 이날 신고필증을 받았다.

신고필증 취득 후

1. 관할 세무서에서 사업지등록을 신청했다. 신분증, 신고필증, 임대차 계약서를 챙겼다.
2. 은행에서 학원 배상책임보험을 들었다. 1인당 배상 금액 1억 원 이상, 1인당 의료 실비 보상금액 3,000만 원 이상 조건이었다.

3. 인테리어 준공 후 입주 청소, 간판과 시트지, 집기류 쇼핑, 인 터넷·정수기·카드 단말기·출결 시스템 계약 및 설치했다.

4. 개원 전 일주일간 현수막 또는 아파트 게시판을 보고 연락을 준 학부모와 상담했다.

11. 인테리어 문제 발생

　인테리어 공사가 시작됐다. 공휴일을 제외한 시공 기간은 일주일. 텅 비었던 공간이 빠르게 변했다. 업체는 학원 인테리어 전문이었다. 사장은 지금까지 완공한 학원 수를 말했다. 이미 알고 있었지만, 신뢰는 배가 됐다. 그래도 사람 일은 모른다. 자주 들러 확인했다. 문제는 공사가 끝나고 드러났다.

　실측하던 날, 인테리어 사장이 물었다.
　"정수기도 놓으실 거죠?"
　휙 둘러보더니 천장 구석 밸브를 가리켰다.
　"저게 수도 밸브."

분리수거함 자리에 튀어나온 관을 건드렸다.

"이건 물 빠지는 관. 수도 밸브에서 선 따서 쭉 내리고, 여기 관으로 물 빠지게 하면 되겠네."

정수기 설치 고민을 덜었다.

공사가 끝나고 2주일이 지났다. 교육청 추가 서류 제출, 집기류 쇼핑, 인터넷 및 카드 단말기 설치, 출결 프로그램 계약, 아파트 게시판 광고를 마쳤다. 정수기 차례였다. 상담 예약 후 설치 기사가 방문했다.

"어디에 놓으실 거예요?"

천장 밸브와 분리수거함 관을 가리켰다.

"이거 수도 밸브 아닌데요. 가스 밸브에요."

"네?"

"그리고 여기 관은 배수시설에 연결돼 있지도 않아요."

"아니, 인테리어 사장님이 분명히…."

"그분이 잘못 봤나 보네요. 이렇게 되면 수도공사 따로 하셔야 해요."

공사 비용을 설명했다. 본인에게 맡기면 더 싸게 해준다고 했다. 내키지 않았다. 더 알아보겠다며 돌려보냈다. 기사가 떠나며 인테리어 업체에 연락해 보라고 했다.

인테리어 사장에게 전화했다. 차마 따지지 못했다. 실측 후에 한 달이 지났다. 본인이 했던 말도 기억 못 하겠지. 그저 상황을 설명하고, 도와줄 수 있는지 물었다. 통화가 끝나고 사장이 메시지를 보냈다.

"저희는 그것까지 견적에 넣지 않았습니다. 무조건 인테리어 업체에 말하라고 하는 그 업자는 무책임한 겁니다. 제가 아는 곳 번호 드릴게요. 연락해 보세요."

사진 한 장이 첨부되어 있었다. 정수기·청정기 총판 광고 스티커였다. 번호 밑에 수도공사 무료라고 쓰여있었다. 담당자 설명을 들어보니 완전한 무료는 아니었다. 정수기를 올려놓는 장을 구매하는 식이었다. 공사하다가 인테리어에 흠집이 날 수도 있었다. 하겠다는 말이 나오지 않았다. 반응이 없자 담당자가 이어 말했다.

"고객님, 혹시 브랜드를 바꾸실 생각은 없으세요? 배수 라인이 필요 없는 정수기도 있거든요."

이후로는 진행이 척척 되었다. 수도를 아래로 내리는 작업은 무료로 받았다. 본격적인 공사가 아니라 가능했다. 천장부터 치렁치렁하게 늘어진 선은 몰딩으로 처리했다.

이번 일을 피할 순 없었을까? 포트폴리오까지 다 확인했다. 학원 인테리어로 잔뼈가 굵은 곳이었다. 내린 결론은 하나. 정수기

업체를 미리 불렀어야 했다. 인테리어 사장에게만 의지하지 말고, 전문가 한 명의 말이라도 더 들어야 했다. 잘 모르는 만큼 최대한 대비해야 했다. '어쨌든 해결했으니 됐어' 한숨 돌렸다. 하지만 문제는 여기에서 끝나지 않았다.

12. 인테리어 '또' 문제 발생

준공이 2월 2일, 수도 문제 해결이 2월 20일이었다. 인테리어는 더 이상 신경 쓸 게 없다고 여겼다.

4월 21일이 시작이었다. 일주일 동안 소방 점검팀에서 한 번, 관리사무소에서 세 번 다녀갔다. 모두 같은 말을 했다.

"화재감지기 빼셨네요. 원래 있던 걸로 돌려놓으세요."

공사 끝난 지 두 달이 훌쩍 넘었다. 교체했다 한들 지금까지 갖고 있을 리 없었다. 황당해서 관리사무소에 따졌다.

"공사 일정 알려드렸잖아요. 그때 확인하셨어야죠."

관리사무소에서는 멀쩡한 감지기를 교체했으니, 인테리어 업체에 연락하라는 말만 되풀이했다.

　중간에 벽을 세워 필요한 증설을 했을 뿐, 기존 감지기는 건드리지 않았다고 했다. 다시 소방 점검팀과 관리사무소에 화살을 돌렸다. 관리사무소 직원이 상가를 돌며 안내했다.
　"여기 복도, 그리고 다른 업장에 설치된 걸 보세요. 원장님네 감지기만 다르잖아요."

　인테리어 사장에게 다시 메시지를 보냈다.
　"사장님, 관리사무소에서 자꾸 바꿔 단 거라고 하네요."
　짤막한 답장이 왔다.
　"손대지 않았습니다."

　관리사무소에서 다시 방문했다. 이곳은 일반형이 아닌 아날로그형 혹은 주소형 화재감지기를 쓴다고 했다. 설치하는 곳도 정해져 있다며 업체 번호를 알려줬다. 견적을 받는데, 132만 원이었다. 대기실과 강의실 감지기를 연결할 선로도 깔아야 했다. 한창 골머리를 썩이던 중 동생에게 전화가 왔다.
　"누나, 이거 누나 블로그에 있는 사진이거든? 천장 확대해서 봐봐. 화재감지기 바꿔 단 거 맞아."

보내준 링크로 들어갔다. 공사 시작 전 기념으로 찍은 사진이었다.

"잘 보면 감지기에 구멍이 두 개씩 두 줄이지? 누나가 방금 찍은 사진에는 한 줄밖에 없어."

동생 말대로였다. 심장이 빠르게 뛰었다. 손이 벌벌 떨렸다.

"곧 있으면 수업이지? 내가 전화해 볼까? 계약할 때 같이 있었잖아."

괜찮다고 마다하다 부탁했다. 잠시 후, 동생이 다시 연락했다. 사장이 전화를 끊어버렸다며, 통화 중 나온 얘기를 전했다.

동생 : 감지기 종류를 잘못 안 게 실수지 않나?

인테리어 업체 : 그걸 우리가 어떻게 아냐.

동생 : 전문가가 어떻게 모를 수 있나?

인테리어 업체 : 모른다. 애초에 아날로그 감지기가 얼마나 비싼지 아느냐? 예산을 적게 잡고 싶다고 했다. 그에 맞춰 해줬을 뿐이다.

이해가 안 됐다. 때마침 사장으로부터 메시지가 도착했다.

"감지기를 교체한 건 실수네요. 그런데 그냥 둬도 될 걸 새 걸로 바꿔드린 거잖아요."

새것이라 해도 쓸 수 없는데 무슨 소용인가.

"분명히 일을 한 게 맞는데 환불해 줘야 하는지 모르겠지만, 찝찝한 건 저도 싫으니 해드리겠습니다. 계좌번호 주세요."

기운이 쭉 빠졌다. 이런 결말을 바란 게 아니었다. 업체를, 아니 사장을 얼마나 믿었던가. 중도금 치르는 날 잔금까지 다 치렀다. 물론, 잔금 납부를 미뤄서 예방할 수 있는 일은 아니었다. 모든 건 준공일이 지나고였으니까. 계좌번호만 보낼까 하다가 메시지를 적었다.

"긴 일주일이었네요. 다른 건 차치하더라도 소방 담당팀에서 왔을 때도, 관리사무소에서 왔을 때도, 왜 감지기를 바꿔 달았냐고 할 때마다 '아니다. 인테리어 사장님께도 여쭤어봤다. 증설만 한 거다. 기존 거에는 손대지 않았다'라고 말했습니다. 사장님을 믿었기 때문이지요. 그런데 결국 오늘 다시 전화해서 '바꿔 단 게 맞았다. 예전 것으로 돌려놓겠다'라고 전했네요. 더 길게 말씀드리지 않겠습니다. 계좌번호입니다."

잠시 후, 20만 원이 입금됐다. 더 이상 연락은 없었다.

프로그램 업체에서 감지기를 추가 구매했다. 선로 업체 작업도 끝냈다. 공사 흔적이 남았지만 감지덕지했다. 소형 견적이라 여러 차례 거절당하던 중 수락해 준 곳이었다. 다 끝내니 부가세 포함

174만 원 들었다. 마음이 쓰렸지만 동시에 홀가분했다. 어쨌든 끝났으니까.

인테리어 일을 떠올리면, 자려고 누웠다가도 이불을 뻥뻥 찬다. 더 꼼꼼하게 확인할걸. 잘못된 부분은 적극적으로 따질걸. 업체에서 봉사해 준 게 아니다. 마땅히 내야 할 돈 지급했다. 그런데도 왜 '을'처럼 행동했을까. 잘 모르는 분야가 핑계였다. 견적서 각 항목에 관해 묻지 않았다.

'평판이 좋은 곳이야. 어련히 알아서 해주겠지. 괜히 기분 상하게 해서 공사에 피해 주면 안 돼.'

나중에야 알았다. 스프링클러는 달라진 게 없는데, 증설했다며 40만 원이 책정돼 있었다. 얼렁뚱땅 넘겼더니 손해를 보는 건 나였다. 공사 전 천장을 촬영해 놓을걸. 따지지 못했다. 모르는 게 죄였다. 철저하지 않은 것도 죄였다.

인테리어를 다시 하게 된다면, 그때는 완벽할 수 있을까? 일단 공사 전 현장을 사진과 영상으로 찍어놔야지. 견적서에서 궁금한 건 물어보자. 공사 중에는 자주 들르고. 이러면 완벽할까?

아니, 변수는 있다. 하지만 해결책도 있더라. 자책에 시간 낭비하기보다 다음 행동을 따지는 게 먼저다.

13. 교습비는 받아야겠어요

개원 7개월 차, 교습비 미납으로 스트레스받은 적 없다. '돈 얘기 꺼내는 게 쉬운가 보다' 생각할 수 있다. 정반대다. 어색하다는 이유로 손해 본 적 많다. 한 가지 예를 들겠다.

회사 신입 시절, 팀 전체가 저녁을 배달시켜 먹었다. 일할 시간을 늘리기 위해서였다. 처음 며칠은 본부장 카드로 결제했다. 나중에 각자 식비를 그에게 이체하는 식이었다. 일주일 후, 팀장이 제안했다.

"본부장님이 안쪽에 계시는데, 매번 나오기 힘드실 것 같아요. 출입문에 가까이 앉은 사람이 결제하는 게 어때요?"

그 사람이 팀의 막내인 나였다. 주변을 둘러봤다. 다들 별말이 없었다. 마음고생 시작이었다. 저녁값이 좀처럼 걷히지 않았다. 받으려면 자리로 찾아가야 했다.

"저기, 어제 식사비 좀 주셨으면 해서요."

기어들어 가는 목소리로 말했다. 현금이 없다, 잔돈이 없다, 1,000원은 다음에 주겠다, 내일 주겠다, 바쁜데 지금 꼭 말해야 하냐 등등. 못 받고 돌아설 때는 어깨가 더 움츠러들었다. 그렇게 새어나간 돈이 일주일 평균 5만 원이었다. 받아야 할 돈 받는 게 어려웠다.

개원 전, 학원 경영서의 미납 관련 목차를 집중해 읽었다. 그리고 스스로 세뇌했다. '교육 서비스를 제공하는 대가로 돈을 받는 거야. 그냥 달라는 것도 아닌데, 당당하지 못할 이유가 어딨어? 다달이 나가는 월세며 기타 경비가 얼만데. 교습비 밀리면 끝장이야. 처음부터 확실히 하자.' 내 사업에서도 어리석기 싫었다.

교습비 완납을 향해

1. 등록 시
- 방문 상담은 학부모와 아이가 함께 오도록 한다. 테스트를 보

기 전, 학부모는 대기실로 안내한다. 이때 음료수와 신입생 안내문을 건넨다. 안내문에는 단계별 교습비와 납부일이 적혀 있다.

- 테스트가 끝난 후, 결과에 맞춘 교재 및 전체 커리큘럼을 설명한다. 등록하겠다고 하면, 선호하는 결제 수단을 묻는다. "이 자리에서 결제하실까요, 아니면 등원 첫날 아이 편으로 카드를 보내실까요?" 선납임을 자연스레 강조한다.
- 안내문은 학부모가 챙겨가도록 한다. 메시지로 같은 내용의 이미지 파일도 보낸다.
- 카카오톡 방에 현재 원비를 공지글로 등록한다. 단계 상향에 따른 원비 변경 시, 내용을 반영하여 재등록한다.

2. 등록 후

- 매월 25일, 재등록 안내 메시지를 보낸다. 매달 내용을 조금씩 바꿨다. 가장 최근에 보낸 메시지를 첨부한다. 당분간 이 형식을 유지할 계획이다.

[재등록 안내]

- 안녕하세요. 영어 교습소입니다. 매월 25일은 재등록일입니다. 교습비는 매월 25일부터 말일까지 선납입니다.

- 이번 주 목요일, 금요일은 추석 연휴로 휴원합니다. 방문 결제는 수요일까지 부탁드립니다.
- 마지막 날 오후 6시까지 미납 시, 당일 저녁 전화로 여쭤겠습니다. 등록 의사가 없으신 거라면, 그 전에 연락 바랍니다.
- 알림톡이 편하다고 말씀 주신 학부모님께는 링크도 바로 전송하겠습니다.

[결제 방법]
- 계좌이체 : 현금영수증 발행해드립니다.
- 교습소 방문 카드 결제(지역 화폐 가능) : 수업 시간에는 방문 자제 부탁드립니다.
- 알림톡 비대면 결제 : 카카오톡 메시지로 보내드립니다.

[휴원일 안내]
- 9월 28일, 29일(추석), 10월 3일(개천절), 10월 9일(한글날)
- 10월 2일(월) 대체 공휴일 정상 수업합니다. 공휴일 수업이므로, 이날 결석에 대해서는 보강하지 않습니다.

[추가 안내]
- 결석에 따른 수강료 이월 또는 차감 없습니다. 당월이 지나기 전 보강 일정 잡아주세요.
- 5일 이상 연속 병결의 경우, 관련 서류 제출(진단서, 약 봉투, 처방전 등) 하에 예외로 둡니다.

3. 미납 확인 시

- 매월 말일, 수업 시작 전 교습비 납부 여부를 확인한다. "오늘은 9월 교습비 납부 마지막 날입니다. 아이 편으로 카드를 보내셨다면 알려주세요. 챙기겠습니다." 미납인 학부모에게 메시지를 보낸다.

- 수업이 다 끝난 오후 7시, 납부 여부를 재확인한다. 미납이면 전화한다. 목소리는 최대한 밝게, '바쁜 일정으로 깜빡하신 것 같아' 전화했다고 말한다. 다행히 이 단계 이후로 넘어간 일은 없다.

- 아직 겪지는 않았지만, 준비해둔 문구는 있다. "교습비가 미납되어 연락드립니다. 저희 원은 교습비 선납이 원칙입니다. 계좌이체 또는 아이 편으로 카드 보내주시면 수업 시작 전 결제하겠습니다." 더 부드러운 말도 있겠지만, 단호해 보이도록 작성했다.

지금도 미납 관련해서 전화할 때 심호흡부터 한다. 통화 중에는 손을 가만히 두지 못한다. 종이에 의미 없는 낙서가 가득하다. 어쩌면 정말 힘든 학부모를 만나본 적이 없어서 위의 방식이 통했는지 모른다. 다만, 재원생 학부모에게 '교습비 납부에 타협 없는 원장' 이미지를 심는 중이다. 안내문, 문자, 마지막에는 전화까지. 제 날짜에 내는 게 당연한 분위기를 만들어 미납을 방지한다.

14. 퇴원을 부탁해

가르치기 힘든 아이, 학원에서는 1년에 두세 명이었다. 각자 하나씩 맡은 하위권 반이 그랬다. 쉬는 시간, 강사들끼리 "내가 더 힘들어" 투덜댔다. 지금은? 두세 명 '만' 수월하다. 그런데 견딜만하다. 내가 이렇게 참을성이 많았나? 돌이켜보면 강사 시절 만났던 아이 덕분이다.

강사 3년 차, 일에 자신이 붙었다. 아이가 문제행동을 보여도 당황하지 않았다. 1년 안에 변화시킬 자신이 있었으니까. 모든 게 탁월한 지도력 덕분이라고 착각했다. 그리고 한 아이를 만나 1년 6개월을 괴로워하다 도망쳐 버렸다.

진우가 중3 때 만났다. 일주일 관찰 후, 어머니와 상담했다. 숙제를 잘 안 해온다고 하니, 의욕이 없어서라고 했다. 진우네 반은 하위권이지만 숙제를 성실히 해오던 참이었다. 이 아이들도 처음부터 그러진 않았다. 진우도 얼마든지 바꿀 수 있다고 자신했다.

일주일이 또 지났다. 숙제는 여전히 50점이었다. 혼을 냈다. 양을 줄일까 했지만, 괜찮다고 했다. 다음 날, 숙제를 해왔다. 기특했다. 열심히 해줘서 고맙다고 했다. 진우는 쑥스러운 듯 웃었다. 어머니에게도 칭찬해 달라는 메시지를 보냈다. 그렇게 진우는 숙제를 해왔다. 딱 일주일 동안.

100점에서 0점으로 떨어졌다. 손도 대지 않았다. 야단칠까 하다 방향을 틀었다. 어깨를 토닥이며, 뭐든 습관들이기 쉽지 않다고 공감해 주었다. 다만, 최소한이라도 해오는 성의를 보이라고 했다. 다음 날, 딱 10점만큼 해왔다.

학원에서라도 하길 바랐다. 수업 시간보다 한 시간 일찍 오라고 했다. 어머니에게도 독려를 부탁했다. 이번에도 효과는 일주일 갔다. 다음 주에는 아예 수업에도 지각했다. 어머니는 어쩔 수 없다고만 했다. 다 큰 녀석을 혼내기 힘들다고 말이다. 어머니와의 협력은 물 건너갔다. 다른 접근을 해야 했다.

친해지면 숙제해올까 싶었다. 괜스레 장난을 걸고, 툭하면 "진우는 잘할 거야" 말해줬다. 한 달을 꾸준히 했더니, 진우가 달라졌다. 먼저 말을 걸고, 먹을 걸 건네주었다. 숙제 점수도 좋아졌다. 그리고 다시 나빠지기를 반복했다. 특별한 이유는 없었다. 의지가 따라주지 않았을 뿐.

기존 아이들도 흐트러지기 시작했다. 또래에게 영향받기 쉬운 나이 아니던가. 진우가 바뀌지 않으면, 전체가 흔들릴 위기였다. 혼내고, 다독이고, 혼내고, 다독이고. 그렇게 1년을 보냈다. 한 명이 물을 흐리니, 다른 아이들을 따로 관리해야 했다. 원장도 상황을 알았다.

"선생님, 그만하면 됐어요. 진우는 내버려 두고 남은 아이들에게 집중하세요."

며칠은 그러려고 했다. 그런데 왜일까. 무시할 수 없었다. 숙제 검사하고 나면 교탁 아래로 주먹을 쥐었다 폈다. 그런 와중에 미소를 띠고 힘차게 수업했다. 끝나면 바로 무표정이 되었다. 진우가 등원하는 월요일, 수요일, 금요일마다 똑같았다. 출석부에 적힌 이름만 봐도 한숨이 나왔다. 진우 어머니가 상담 전화를 피한 지 오래였다.

할 수 있다는 착각

진우가 고1이 됐다. 여전히 함께였다. 고등학교 첫 시험 대비를
맞이하여 숙제를 강조했다. 다음 날, 숙제를 해왔다. 안 한 지 몇 주
째라 깜짝 놀랐다. 고등학생이 되니 달라지나 보다, 희망이 또 꿈
틀댔다. 그런데 왜 하필 예리했을까. 숙제에서 이상한 점을 발견해
버렸다. 객관식에서 절대로 고를 수 없는 선택지에 체크가 되어있
었다. 다른 문제도 마찬가지였다. 모른 척하고 넘어가면 좋았을까.
다 찍은 거냐고 물어보고야 말았다. 아니라고 하기에, 답으로 선택
한 이유를 물었다. 결국, 실토했다. 말없이 진우와 문제지를 번갈
아 보았다. 화가 나지 않았다. 오히려 마음이 차분하게 가라앉았
다. 진우를 포기해 버렸다.

수업이 끝나고 진우를 남겼다. 그리고 학생에게 처음으로 그만
둬 달라 부탁했다. 진우는 말이 없었다. 기다려도 반응이 없어, 대
체 왜 수업을 듣냐고 했다. 다시 침묵했다. 그러다 나온 대답이 어
이없었다.

"선생님이 하는 농담이 재밌어서요."

막막했다. 그만둘 생각이 없구나. 아이를 보낸 후, 어머니에게 전화로 같은 걸 부탁했다. 욕먹을 각오 했는데, 힘들겠지만 부탁한다는 답이 돌아왔다. 진우가 학원에 다녀주는 것만으로도 고맙단다.

모든 아이를 변화시킬 수 있다고 생각했던 자신에게 기가 찼다. 선생이 먼저 포기하고, 심지어 퇴원까지 권한 사실이 괴로웠다. 얼마 못 버티고 나와버렸다. 왜 그토록 진우의 손을 놓지 못했을까. 당시에는 투철한 사명감을 탓했다. 하지만 지금에 와서 보면 자기만족과 더불어 오만함도 컸다. 내가 변화시킬 수 없는 학생도 있다는 걸 받아들이지 못했던 거다. 어쩌면 진우를 조금은 가볍게 대했을 때 더 좋은 결과가 있었을지도 모른다.

개원하며 최선을 다하되, 어깨에 힘은 빼자고 다짐했다. 그리고 진우보다 힘든 아이들을 만났다. 한 번 데여서일까. 감정을 다스릴 수 있었다. 눈에 힘이 들어갈 때마다 '본인도 힘들겠지' 생각했다. "그럴 수 있어." 말버릇이 됐다. 어느 날, 엄마가 물었다.

"요즘은 힘들게 하는 애 없어?"

"왜 없겠어. 있지. 그런데 왜?"

"예전보다 애들 얘기할 때 표정이 밝아서."

운영자가 된 덕분일까. 수업 외에도 신경 쓸 일 많다. 특정 아이 때문에 진이 빠지면 곤란하다. 지나치게 몰입하지 않는다. 생각도 현실적으로 바뀌었다. 마음에 안 든다고 다 내보내면? 생존 자체가 힘들다. 결국, 이 자리에서 버티려면 마음을 내려놓는 것도 필요하다.

15. 이럴 줄 알았으면 개원을

'관리 잘한다고 소문나면, 원생 느는 건 순식간이지.'

'초반 6개월은 마이너스일 수도 있대. 마음을 비우자.'

개원 앞두고 마음이 오락가락했다. 상상 속에서는 이른 성공과 오랜 고생 둘 다 가능했다. 결과는? 둘 다 아니다. 딱 중간이다.

상가 산금 치르는 날에 맞춰 현수막을 제작했다. '2월 중순 개원 예정' 문구와 함께 전화번호를 넣었다. 상가 운영위원장에게 허락받고 교습소 위쪽 난간에 설치했다. 단지 내에 걸고 싶었지만, 일주일에 55만 원이었다. 대신 아파트 1층 게시판 광고를 추가했다. 11만 원이었다.

현수막 건지 이틀, 첫 문의 전화가 왔다. 이후 한 달간 상담 열 건을 예약했다. 개원 일주일 앞두고 하루 두 명씩 상담했다.

"2주 무료 수업 체험입니다. 체험 끝나면 그날부로 퇴원해도 됩니다."

"원비 50퍼센트 할인보다 낫네요. 그만큼 자신이 있으시다는 거겠죠."

열 명 다 등록했다. 2주 후에도 다니게 하는 게 관건이었다.

2주 지났다. 열 명 중 아홉 명 남았다. 수업 분위기를 흐리는 한 명은 퇴원시켰다. 월세는 낼 수 있었다. 이 속도면 스무 명 돌파도 금방 같았다. 그리고 개원 8개월 차, 열여덟 명이다. 최악은 아니지만 최선도 아니다. 퇴원이 없다는 건, 학부모가 만족한다는 거 아닌가? 입소문이 좀처럼 나지 않는다. 아파트 게시판이며 당근마켓 광고도 수확이 없다. 블로그를 통한 유입이 소수 있을 뿐이다. 그마저도 성인 학습자이거나 방문 상담으로 이어지지 않았다.

다양한 아이를 가르친다

초·중학생을 목표로 삼았다. 초등은 최소 4학년 이상이었다. 그런데 웬걸. 열여덟 명 중 열 한 명이 초등학교 1, 2학년이다. 심지어 중학생은 없다. 초반에는 '이러다가 고학년도 곧 등록하겠지' 기대했다. 이제는 아니다. 이 아이들이 고학년이 돼서도 가르치는 게 목표다.

다른 학원에 적응하기 어려워하는 아이도 올 거라 예상했다. 결과는 예상 적중이다. 요구도 다양하다.

"저희 아이가 오해받는 편이에요. 친해지고 싶어서 다가가는 건데, 행동이 크거든요. 말하면 충분히 알아들으니까, 잘 부탁드려요."

장난이랍시고 내 턱을 친 아이어머니의 부탁이었다. 2주 체험 기간 내내 수업을 방해했다. 알고 보니 이전 학원들에서도 문제 행동이 있었다. 결국, 수업을 함께할 수 없다고 판단했다.

"틀리면 스트레스받아요. 이해가 좀 느리고요. 천천히 가도 괜찮으니까, 꼼꼼하게 가르쳐주세요."

정말 느린 아이였다. 그런데 문제 하나 틀릴 때마다 울먹였다. 괜찮다 다독여도 소용없었나. 교재가 끝날 무렵, 세 걸로 한 번 더 반복하길 권했다. 대번에 목소리가 싸늘해졌다.

"아이가 자존심 상할 것 같은데요."

초등학교 1학년이었다. 앞으로 갈 길이 먼 만큼 기초가 탄탄한 게 중요하다며 설득했다. 마지못해 받아들였다. 지금도 같은 문제로 부딪치며 남아있다.

"본인이 제일 잘해야 하는 아이예요. 친구한테 진도를 따라 잡혔다던데. 아까 보니 시무룩하더라고요."

자기 주도식이라 진도가 제각각이다. 아이는 산만해서 가만히 앉아있질 못했다. 당연한 결과였다. 알아서 융통성 있게 관리하겠다 했다.

에너지가 많이 든다

50명대까지 관리해 봤다. 지금 열여덟 명이다. 훨씬 쉬워졌을까? 아니, 예전과 달라진 걸 못 느끼겠다. 열여덟 명이 띄엄띄엄 와서 공강이 없다. 어떤 반은 한 명이 전부다. 폐강은 안 된다. 한 명이 두 명 되고, 두 명이 몇 배로 늘어날지 모르니까. 수업은 수업대로 하고, 교재 점검 시간이 늘었다. 마지막 수업이 끝나면 모든 교재를 살핀다. 잘못 필기한 곳은 없는지, 채점은 제대로 되어있는지 확인한다. 한 달에 한 번 교재를 집으로 보낸다. 관리가 안 된다는 얘기가 나오면 끝장이다. 학부모 한 명의 입소문도 간절하다. 철저할 수밖에 없다.

그래도 후회는 없다

강사 시절과 비교해 봤다.

월급 : 3분의 1로 줄었다.

근무 시간 : 하루 서너 시간 늘었다.

일의 성질 : 교육보다 보육하는 기분이다. 학부모를 직접 상대해
서 신경 쓸 것도 많다.

개원, 괜히 한 건가?

지쳐있던 날, 엄마가 물었다.

"개원한 거 후회해?"

"아니."

답은 바로 나왔다.

힘에 부칠 때도 있다. 동시에 재밌고, 짜릿하고, 뿌듯하고, 행복
하다. 모든 것을 책임진다는 부담은 있나. 그런데 이미 맛본 자유
가 달콤하다. 일의 결과가 온전히 내 몫이라는 것도 마음에 든다.
좋든 나쁘든 말이다.

조급할 필요 없다. 1, 2년 하고 접을 생각으로 개원하지 않았다.

진심은 통한다. 재원생에게 쏟는 정성이 인정받는 날이 온다. 강사 시절을 떠올려본다. "켈리 선생님 반에 넣어주세요." 신규 상담에서 이 말을 듣기까지 얼마나 걸렸더라. 최소 1년은 지나지 않았나.

"유나 엄마 추천으로 왔어요."

최근 등록한 학부모가 말했다. 그래. 이제 시작이다.

16. 이렇게 운영합니다

시스템의 중요성은 익히 들었다. 1인 원장도 예외 없었다. 효율적인 운영을 위해 만드는 중이다. 아직 허술하다. 매번 고치는 이유다. 목차 제목도 '이렇게 운영하세요'가 아니다. 신입생 등록 전부터 그 이후까지, 학부모에게 보내는 메시지 및 관리 틀을 공유한다.

레벨 테스트 예약

문의 전화가 오면 방문으로 유도한다. "아이 상태를 알아야 정확한 상담이 가능합니다." 테스트받겠다고 하면 아래 문자를 보낸다.

안녕하세요. 영어 교습소입니다. 테스트 예약을 원하시면 아래 항목을 채워서 메시지 보내주시길 바랍니다.
1) 이름 2) 학년 3) 테스트 희망 날짜 4) 영어 학습 기간 5) 이전 학원 퇴원 사유(예: 숙제가 많아서, 어려워해서 등)

신규 등록 후

교습비를 한 달(4.2주) 기준으로 책정했다. 재등록은 매달 25일부터 말일까지다. 월 중간에 등록하는 경우, 분당 교습비 × 수업 일수로 계산한다.

유나 어머님, 오늘 만나 뵈어 반가웠습니다.
1. 10월 수업 참여: 10월 16일부터 총 12일
2. 수강료: 파닉스 과정 주 5회 50분 기준 190,000원 (단, 이번 달에는 108,600원입니다.)
3. 교재: 파닉스 1권
4. 수업 시간: 오후 2시
5. 출결 번호: 1423

첫 등원 전

등록일과 실제 수업 일은 다르다. 학부모가 일정을 놓칠 수 있어 전날 메시지 보낸다. 전화는 첫날 수업 끝나고 바로 한다. "유나가 어떻다고 하던가요?" 답변 내용에 따라 더 신경 쓸 부분을 말한다. 일주일 후, 다시 전화한다. 다음부터는 메시지로 소통하고, 필요 시 전화한다.

안녕하세요. 내일은 최유나 원생의 첫 등원입니다.
1. 등·하원 알림: 등·하원 시 출결 번호를 입력합니다. 번호는 학부모님의 전화번호 뒤 네 자리입니다.
2. 출결 오류 관련: 애플리케이션에 등·하원 알림이 제대로 뜨는지 확인 부탁드립니다. 도착하지 않으면 메시지 주세요. 수업 끝나고 연락드리겠습니다. 아이가 수업 시간이 됐는데도 오지 않으면 바로 연락드립니다.
3. 준비물: 연필(B 또는 2B), 지우개, 빨간색 펜 또는 색연필 (가져오지 않아도 챙겨줍니다. 다만, 아이가 스스로 챙기는 습관을 기를 수 있도록, 초반에는 주기적인 점검 및 도움 부탁드립니다.)
그럼, 첫 수업 마친 후 연락드리겠습니다.

출결 관리

자기 주도식이라 수업 시간이 유연하다. 주 5일이 기본으로, 요일마다 다른 시간에 오는 경우가 많다. 매주 금요일에 시간표를 업데이트한다. 일주일 단위로 출력한다. 한 달 치를 뽑고 싶지만, 시간 변경 요청이 있을 수 있다. 맨 위에 날짜를 적고 시간별로 칸을 나눈다. 각 칸에는 아이들 이름을 적는다.

수업 시간에는 수기로 표시한다. 등원한 아이 이름에 동그라미 친다. 결석은 밑줄치고 '결석 ①'이라 적는다. 다음 날에도 결석하면 '결석 ②'로 해서 결석일을 파악한다. 보충도 마찬가지다. 보충 ①, ②… 이런 식이다. 결석과 보충 번호를 비교하여 빠진 게 없도록 한다. 교재가 끝난 아이 이름에는 '성적표'라고 적는다. 작성을 미루지 않기 위해서다.

맨 아래에는 특이사항을 적고, 퇴근 전 확인한다.

숙제 관리

완벽하게 해왔을 때를 제외하고, 아래 세 가지 중 하나의 메시지를 보낸다.

1) 오늘 숙제를 해오지 않았습니다. 다음 시간에 다시 확인하겠습니다.

2) 오늘 숙제를 해왔지만, 빠트린 부분이 있었습니다. 다음 시간에 다시 확인하겠습니다.

3) 오늘 숙제를 해왔지만, 틀린 부분이 있었습니다. 수업 시간에 고쳐서 보냈습니다.

마지막에는 공통으로 쓴다. "제가 매번 확인하고 있으니, 학부모님께서 따로 챙겨주지 않으셔도 됩니다."

시험 관리

메시지를 활용한다. 학부모에게 8개월간 보낸 사진 및 동영상이 3,045개, 메시지는 12,526개다. 원생이 열여덟 명인 걸 고려하면, 적은 숫자는 아니다. 공유하는 시험 결과는 세 가지. 단어 시험, 주간 시험, 교재 마무리 시험이다. 시험지 사진에 설명을 덧붙인다.

최종 테스트 : 17/20

오답 살펴보기 :

- 11번 : bathroom 스펠링 쓰기

- 15번 : It's an expensive bag. 뜻 쓰기
- 22번 : small은 '작은' 대신에 '작'까지만 썼습니다. 정답 처리할까 하다가 차분히 푸는 습관도 들일 겸 오답으로 표시했습니다.

오늘로 유나의 문법 A 학습이 끝났습니다. 다음 교재는 문법 B입니다. 내일 교재+시험지(단어/주간/최종)+성적표 모두 전달해 드리겠습니다. 성적표는 pdf 파일로도 첨부합니다.

보충 관리

보충은 웬만하면 다 해준다. 생일파티, 여행, 컨디션 저조 등등. 하지만, 강조하고 싶다. 이렇게 하면 안 된다.

원생의 90퍼센트가 초등 저학년이라 그런가? 학부모도 결석에 거리낌 없다. 물론 원비에는 민감하다. '결석에 따른 수강료 이월 또는 차감 없습니다. 당월이 지나기 전 보강 일정 잡아주세요. 보강은 평일 수업 시간에 한하며, 정원이 찬 시간대에는 진행하지 않습니다.' 신입생 안내문 및 재등록 문자에 넣었다.

대부분은 큰 문제 없다. 항상 힘들게 하는 소수가 있을 뿐이다. 결석도 했던 아이가 계속하니까. 지금은 원생이 적어 보강이 어렵지 않다. 더군다나 자기 주도식이다. 시간당 정원은 어차피 아홉

명이다. 두 시간 연속으로 하기 힘들다고 징징대는 아이만 달래면 된다. 하지만 강의식이라면? 자기 주도식이라 해도 학부모가 수업 시간 외 보충을 바란다면? 정규 수업에 피해를 주는 순간, 그때는 단호해야 하지 않을까.

혼자서 힘들다면?

밤 10시 30분, 예전 동료 강사에게 전화 왔다.

"퇴근길에 선생님 생각이 나더라고요. 지금 집에서 쉬고 있죠?"

그녀의 상상 속 교습소 운영, 늦어도 밤 8시 이후에는 자유로운 삶이었다. 현실은? 보통 11시는 넘어야 짐 챙긴다. 내 상황을 일반화시키긴 싫다. 뛰어난 일 처리로 일찍 퇴근하는 원장도 많을 것이다.

꼼꼼히 관리하는 곳, 바라는 교습소 이미지다. 혼자서 원생 몇 명이 마지노선일까? 보통 스물다섯에서 서른 명이라 들었다. 하지만 이의 2.5배를 관리하는 원장도 봤다. 결국, 역량 문제인 걸까? 열여덟 명 원생에 밤 11시 30분이 퇴근인 요즘, 서른 명만 돼도 도움이 필요할 것 같다. 관련 내용을 찾아봤다. 지역마다 다를 수 있다. 반드시 해당 교육청의 준수사항을 확인해야 한다.

교습소에는 강사를 둘 수 없다. 적발 즉시 운영 정지된다. 질병 또는 출산 등 피치 못할 사정이 있다면? 임시교습자를 채용할 수 있다. 교육청 신고는 필수다. 채용 기간은 90일 이내다. 부득이한 경우 90일 범위에서 한 차례 연장할 수 있다. 그럼, 나 혼자가 유일한 답인가?

아니다. '보조요원'은 둘 수 있다. 사무 처리와 학부모 및 원생 상담을 돕는 역할이다. 채점 등 교습을 보조할 수도 있다. 단, 반드시 원장과 같은 공간에 있어야 한다. 보조요원 단독으로 교습행위를 하면 절대 안 된다.

17. 1년을 돌아보니

2023년 2월 23일, 교습소를 열었다. 아침부터 쓸고 닦기를 몇 번. 어디든 윤이 났다. 아무리 문대도 걸레가 새카매지지 않았다. 아이들을 맞이할 준비가 됐다. 그런데도 실감 나지 않았다. 간판을 보면 달라지려나? 밖에서 2층에 자리한 교습소를 올려다봤다. 감격의 눈물이라도 흘릴 줄 알았다. 전혀. '어쩌다 여기까지 왔냐' 첫 소감이었다.

주변을 둘러봤다. 낯선 동네였다. 상가는 여전히 공실투성이였다. 희망보다는 불안을 안고 시작했다. 8개월이 지났다. 1년도 안 되어 이야깃거리가 늘었다. 운전대 잡고 울어 보고, 출근하면 숨이 안 쉬어져 가슴을 치기도 했다. 와중에 괜히 차렸다는 후회는 안 들었다. 미숙한 운영이 아쉬울 뿐이다. 잘한 점부터 칭찬하고, 아쉬운 점은 고쳐 나가려 한다.

참 잘했어요

1. 매일 인사

개원 후 교습소가 편안해지기까지 6개월 걸렸다. 이제야 정이 좀 붙었달까. 이웃 사장님들 덕분이다. 개원하며 쭉 지켜온 루틴이 있다. 출근하면 가방만 내려놓고 복도로 나선다. 그리고 같은 층 사장님들께 인사드린다. 하루도 빼놓지 않았다.

식지 말라고 포일로 감싼 커피를 건네는 세탁소 사장님, 머리를 다듬어 주겠다는 미용실 원장님.

함께하는 사람이 좋아 공간도 좋아졌다. 마음이 편안하니, 일에도 집중할 수 있었다. 교습소에 더 오랜 시간 붙어있게 됐다.

2. CCTV 4채널 설치

"이승현, 박민수라는 애가 쉬는 시간에 저희 강민이 배를 밟았다네요. 수업 끝나면 CCTV 보시고 정확한 자초지종 알려주세요."

그런 낌새는 전혀 없었는데···. 남은 수업을 무슨 정신으로 했는지 모르겠다. 끝나자마자 CCTV를 돌려봤다.

2교시 전 쉬는 시간, 강민이가 대기실 바닥에 누워있었다. '얘는 왜 이러고 있어' 지켜보는데, 잠시 후 승현이가 배에 올라탔다. 양손을 소파와 테이블에 걸쳐놓은 채였다. 발에 체중을 실은 것 같진 않았지만, 혹시 몰랐다. 재빨리 강민이 얼굴을 확대했다. 활짝 웃고 있었다. 아이는 그 후로도 한참을 뒹굴뒹굴했다. 다른 친구가 와도 마찬가지였다. 얼마 후, 대기실 문을 열고 들어오라며 손짓하는 내가 보였다. 강민이는 벌떡 일어나 두 친구와 장난치며 들어왔다.

어머니에게 관찰한 바를 전했다.

"강민이랑 다시 얘기해볼게요."

목소리가 조금 누그러졌다. 이후에 어머니들끼리 대화가 오갔다 한다. 결론은 아이들끼리의 장난이었다. 원에서도 다시 한번 주의 주겠다며 일단락됐다.

CCTV가 없으면 어땠을까. 비용 때문에 고민하다, 사각지대를 없애기로 했다. 그리고 덕을 톡톡히 보는 중이다. 이 일뿐만이 아니다. 핸드폰을 잃어버렸다, 실내화 가방이 없어졌다 등등. 교습소에서 일어나는 일은 내 손 안에 있다.

그러지 말걸

1. 개원 첫 달 학부모 설명회

중요하다는 걸 알면서도 외면했다. 현수막, 아파트 게시판, 온라인 광고에만 의지했다. 쉬운 길만 택한 셈이다. 설명회를 통해 더 많은 씨앗 학생을 확보할 수 있었을 텐데. 입소문도 '입'이 많아야 가능하다고 느끼는 요즘이다. 뒤늦게나마 계획 중이다.

2. 출입구 전면 시트지

유리 네 칸 모두 불투명 시트지를 붙였다. 자기 주도식이다 보니, 아이들이 점검받으러 왔다 갔다 한다. 지나가던 학부모가 보고 산만하다고 할까 걱정이었다. 개원 후 4개월, 한 피아노 원장님이 교습소에 들렀다. 개원 자리를 알아보고 있다며, 상가에 대해 이것저것 물었다. 그리고, 떠나기 전 한마디 했다.

"제가 오지랖 부리는 걸 수도 있는데요. 여기 한 칸 정도는 시트지 떼요. 다 가려져 있길래, 안이 별로인가 했지. 예쁘게 꾸며놨는데 아깝잖아요. 이쪽은 대기실 방향이라 안에 수업하는 게 보이지도 않아요."

하루 고민하고 떼어냈다. 며칠 후, 미용실 원장님이 귀띔해줬다.

"어머님들이 속이 다 후련하대요. 안이 궁금했나 봐요."

3. 학부모에게 휘둘린 것

두 명의 학부모가 매주 수업 시간을 바꿨다. 서로 친한 사이로, '입김이 센 것'으로 유명했다. 잘못 건드리면 피곤해진단다. 좋은 게 좋은 거라며 최대한 맞춰줬다. 정원이 마감된 반이 없어 불가능하진 않았으니까. '두 명만 참자' 마음을 다스렸다. 그런데 해도 해도 너무했다. 8개월 내내 이어졌다. 그러다 10월 셋째 주, 참을성이 한계에 다다랐다. 10월부터는 시간표 변동이 없을 거라더니, 와중에 넷째 주 시간표도 변경 요청한 상태였다. 전체 학부모에게 공지했다.

"12월부터는 시간표 변경을 한 달에 한 번으로 제한합니다. 효율적 운영을 위해서니 양해 부탁드립니다. 11월 한 달간 타 학원 일정 확인하시고, 12월부터는 하나로 고정해주시면 됩니다."

처음부터 이랬어야 했다. 주도권을 뺏긴 것, 엄연히 내 잘못이었다.

4. 체력 관리를 안 한 것

어쩌다 마주쳤던 손 많이 가는 학생, 이제는 과반수다. 태도부터 잡아야 한다. 똑같은 걸 반복해 설명해야 한다. 이때 말하는 반복은 한두 번이 아니다. 어떤 아이는 한 시간 내내 알려줘도 하원 전에 딴소리한다. 심리 문제를 안고 있는 아이도 있다. 강박증, 불안증, 분노 조절 미숙 등 다양하다. 학부모는 보듬어달라 한다. 그래서 무엇보다도 친절해야 한다. 친절함에는 체력이 필요하더라. 먼저 지치지 않으려면 운동이 필수인데, 이를 놓쳐버렸다.

적고 보니 잘못한 게 더 많다. 시트지 일을 제외하면, 몰라서 안 한 것도 아니었다. 책과 유튜브에서 다 배우지 않았던가. 결국, 실천 문제였다. 신생 교습소가 무슨 배짱이었을까. '매' 맞고 나서야 깨달았다. 이러한 깨달음은 앞으로도 쌓일 것이다. 더 지혜로워지고, 실천까지 한다면 더 강해지겠지. 그것만으로도 개원하길 참 잘했다.

제2부 해일리 편

공부방 원장입니다

프롤로그

"꺅~ 선생님 새로 왔어요?"

출근 첫날, 돌고래 소리를 내던 초등 1학년을 잊을 수 없습니다. 아이들 얼굴을 마주하자 학교 놀이를 좋아했던 어린 시절이 떠올랐습니다. 빨갛고 올바른 동그라미를 보며 기뻐하던 소녀가 강단에 섰습니다.

영어는 제게 어떤 의미인지부터 이야기를 시작합니다. 강사로 첫 발걸음을 내딛고, 무슨 일을 겪으며 원장을 꿈꾸었을까요? 어떤 일이 있었을까요? 강사와 원장, 두 자리에 있어보니 학생과 학부모를 바라보는 눈빛도 더욱 깊어졌습니다. 배운 것을 나누고 싶어 다소 부끄러운 기억도 꺼내어 저의 이야기를 솔직하게 담았습니다.

막연했던 창업 계획을 하나씩 실천하면서 여기저기 부딪혔습니다. 미리 알았더라면 좋았을 정보를 한 줄 한 줄 써보았습니다. 완벽하지는 않습니다. 그에 가까운 목표를 향해 나아가는 중입니다. 저의 이야기가 원장을 꿈꾸는 강사에게 도움이 되었으면 합니다. 힘이 들 때는 따뜻한 위로가, 조언이 필요할 때는 든든한 친구 같은 글이 되기를 바랍니다.

제 이야기는 이렇게 흘러갑니다.
1번 : 영어에 푹 빠지게 된 계기를 소개합니다.
2번~5번 : 강사 시절 에피소드를 전해드립니다.
6번~10번 : 원장이 되기 위해 어떤 여정을 거쳤는지 공개합니다.
11번~18번 : 공부방을 창업, 운영하며 배운 것을 나눠 드립니다.

1. BTS, 뉴진스, 나는 김영어쌤

"엄마, 우리 반 예지가 영어 좀 하는데, 나도 그 학원 가고 싶어!"

졸업을 앞둔 중3 소녀의 마음은 롤러코스터를 탄 듯 오락가락 했다. 잘하기보다 좋아했던 영어는 내 옆에 딱 붙여두고 싶었다. 며칠 뒤 레벨 테스트를 봤다. 귀가 후 대성통곡하는 나에게 엄마는 무슨 일이냐고 계속 물었다.

"선생님이 나를 무시하잖아! 거긴 절대 안 갈 거야!"

고등 수준 진단평가를 보고 충격받았다. 부족한 실력을 꼬집는 원장의 말 한마디는 가슴을 후벼팠다.

예지네 학원은 가지 않았다. 엄마 추천으로 고등부 전문학원에

갔다. 상담 선생님은 목소리가 솜사탕 같았다. 상처받은 내 마음에 밴드라도 붙여주려는 듯이.

교실에 들어갔다.

"반갑다 얘들아, 선생님은 '김영어'라고 한다."

'진짜인가?'

이름이 또렷이 새겨진 각종 상장을 보여주었다.

'개명하셨나? 영어가 얼마나 좋으면 이름까지 바꾼담….'

오랜 시간이 흘렀지만, 그의 be to 용법 설명은 절대 잊을 수 없다.

"얘들아, 선생님이 대학생 때 용돈 번다고 치킨 배달을 했어. 그 날 얼마나 추웠는지 생각하면 몸이 으슬으슬한데 추위를 뚫고 갔지. 엘리베이터 타고 올라가서 딩동, 치킨 왔습니다! 그 순간 안에서 문을 여는데 한 여자가!"

"왜요? 여자가 왜?"

"속옷만 입고!"

"헐…. 진짜요?"

"그래 진짜! 어휴 민망한데 한편으로는 이 사람이 지금 나를 무시하나? 앞에 있는 사람이 치킨 배달원이어도 최소한의 예의라는 게 있지. 그런 상황에도 '가운 하나 걸쳐주는 예의'가 필요한 거야, 안 그래? 자, 따라 해봐. 가, 운, 의, 예, 의!"

"가, 운, 의, 예, 의!"

"그래! 가능, 운명, 의무, 예정, 의도! 이게 바로 be to 용법 해석하는 방법이다. 꼭 기억해!"

그때도 지금도 내 마음속 아이돌, 김영어 선생님을 통해 배운 영어라는 세상은 흥미로웠다. 재밌는 에피소드가 있는 문법 설명을 기다렸다. 영어학원 가는 날에는 기분이 좋았다. 매일의 작은 순간이 모여 영어와 친해졌다.

힘들 때도 있었지만, 노력하면 넘어설 수 있다는 것을 배웠다. 선생님이 영어 지구력을 길러줘서일까? 고등 영어도 정신을 바짝 차릴 수 있었다. 홍수처럼 밀려오는 단어, 복잡한 지문 속에서 즐기며 헤엄치는 방법을 배웠다.

영어교육이라는 테마파크

한국에서만 스물다섯 해를 보냈다. 영어를 가르쳤지만 자연스러운 회화에 늘 목말랐다. 밴쿠버행 비행기를 탔다. 영어 '지식'이 '언어'로 변화되는 과정을 체험했다.

'살아있는 영어를 배우는 방법이 이거구나!'

시행착오를 거쳐 회화 교육 로드맵을 그렸다. 실용 영어 과외를 하며 또 한 걸음을 뗐다. 이때 경험이 지금도 큰 도움이 된다. 학생을 가르치고 커리큘럼을 세울 때마다 힌트를 얻는다.

한국으로 돌아왔다. 대학가 근처를 걷다가 대형 어학원 광고가 눈에 띄었다. 실용, 수험 영어 전문학원이었다.

'성인부 수업 경험도 있겠다, 도전해보자!'

시강하고 면접을 봤다. 시간표와 급여에 대해 듣고 아차 싶었다. 급여는 초중등 어학원 첫 월급과 비슷했다. 돈보다 더 아찔했던 것은 수업 시간이었다. 새벽 6시~오전 10시, 저녁 6시~밤 10시. 면접을 마치고 며칠 고민하던 중 '토익 캠프' 강사 모집 소식을 들었다. 반가웠다. 학부 시절 캠프를 통해 점수를 큰 폭으로 올렸었다. 도전, 또 한 걸음을 뗐다.

영어 교육은 내게 테마파크만큼이나 흥미롭다. 롯데월드, 에버랜드도 부럽지 않다. 연령별, 주제별로 매력이 넘친다. 초중등을 해보니 고등부가, 그다음은 성인부가 궁금했다. 유아 영어도 알고 싶어 유치원 특강, 방문 영어를 경험했다. 전 연령대를 가르치며 대상에 따른 교수법을 익혔다.

시도하지 않았다면 어땠을까? 수많은 첫걸음이 다음 목표로 나를 이끌었다. 이 모든 것이 나의 무대를 넓히리라 믿는다.

2. 이런 데서 어떻게 일하죠

인수인계도 없이 새로운 학원에 적응했다. 근무한 지 1~2주가 지났다. 원장이 몸이 안 좋다며 PCR 검사를 받으러 갔다. 1시간쯤 지나 전화가 왔다.

"선생님, 검사 결과 양성이 나왔어요. 친척 결혼식이라 잠깐 다녀온다는 게 이렇게 되었네요. 당장 시험이라 걱정이에요. 본문 못 외운 학생은 수업 끝나고 저에게 알려주세요."

원장이 맡은 반이 문제였다. 엎친 데 덮친 격으로 중간고사 기간이었다. 학생 여럿을 다른 선생님과 나눠맡았다. 정신없는 와중에 다시 전화가 왔다.

"선생님, 우리 유치부 아이가 세 명이에요. 국어, 수학 교재와 프린트 한 장씩 풀리고 확인해 주세요."

"원장님, 중등부 수업 중인데 유치부를 어떻게 보나요?"

"교실 한쪽에 앉혀두고 중간중간 지도해 주세요."

미취학 아동 수업을 해봐서 익히 알았다. 집중력, 학습 능력이 아직 충분하지 않다. 중등부와 같은 교실에 둔다는 것 자체도 이해가 안 갔다. 하지만 아무말도 못했다. '오늘 하루도 잘 버텨야 한다.' 이 말만 속으로 되뇌었다.

"선생님 유치부 애들 시끄러워요. 원장님 어디 갔어요?"

7세 아이들은 1분이 멀다고 나를 불렀다.

"떤뗀님, 이거 어디까지 해요?"

"떤뗀님, 화장실 가고 티퍼요."

"떤뗀님, 연필이 업떠져떠요."

이후로도 원장은 이런저런 이유를 대며 유치부 아이들을 맡아 달라고 했다. 지금도 그때 생각하면 아찔하다. 시험 대비 학교별 교차 수업을 한 적은 있다. 학년이 높기에 한쪽 개념 설명, 한쪽 문제 풀이가 가능하다. 하지만 유치부와 중등부를 한 교실에 함께 둔다면? 피해를 보는 것은 학생이다.

교재가 아직도 안 왔다고요?

근무했던 한 어학원에서의 일이다. 프랜차이즈 시스템으로 학생별 진도와 교재가 달랐다. 원장은 매달 주문할 교재 목록을 제출하라고 했다. 이상한 일이었다. 배송이 올 때마다 책 한두 권씩은 꼭 빠져있었다. 그룹 수업이 아니라서 다른 책을 복사해 줄 수 없었다. 여분의 교재는 알파벳 과정뿐이었다. 부가 자료를 활용해 하루 이틀 학습을 이어갔다. 사흘째가 되었다.

"원장님, 교재 아직 안 왔나요? 민우는 계속 새 진도 못 나가서요."

"아, 본사에서 화요일만 배송비를 안 받아요. 다른 요일에는 따로 내야 하고요. 그래서 다음 주 화요일에 주문하려고요."

하! 말문이 막혔다. 학원은 수업을 제공하고 학습을 관리하는 곳 아닌가? 상식에 혼란이 왔다. 일주일을 더 기다리라니.

중등부는 더 심각했다. 교과서 평가 문제집만 들고 다녔다. 어휘, 문법, 독해, 듣기를 체계적으로 하는 아이가 한 명도 없었다. 수업 계획서를 제출하고 교재 구입을 요청했다. 원장은 허락했다. 수업 분위기를 꼭 잡아달라고 했다. 학부모 편에 교재 구입 공문을 보냈다. 수업 시간이 다가왔다. 교사인 내 책만 없었다.

"원장님, 교재 아직인가요? 오늘부터 시작인데."
"아, 주문했는데 이상하게 늦네요~ 총판에 전화해 볼게요."
처음에는 자주 깜빡하나 했다. 같은 대화가 반복될수록 물음표는 말 줄임표로 바뀌었다. 결국 자비로 책을 샀다. 이후로도 교사용 교재 중 두 권은 올 기미가 안 보였다.

요목 조목 살피지 않고, 가깝다는 이유로 덜컥 출근했던 내 잘못도 있다. 내가 원장이 되면 이런 부분을 더욱 신경 쓰겠다고 다짐했다. 면접부터 꼼꼼하게 준비할 것! 원장도 강사도 '이 정도는 당연히 알겠지' 하면 안 된다. 근무 시간, 급여, 조건을 계약서에 확실히 명시하고 구두로 한 번 더 알려준다. 시간표, 휴식 시간, 학업 수준, 교재, 시스템, 특이 사항을 서로 확인한다. 이게 다가 아니다. 교실 환경, 보드마카, 연필, 펜, 스테이플러, 수정테이프, 파일 등 기본적인 비품을 갖추는것도 잊지 않는다.

3. 리플리 증후군을 아시나요

"저 진짜 숙제했어요."

"여기 답은? 설명해 준 대로 고쳐왔어야지. 어제랑 똑같은데?"

"선생님이 이렇게 설명해 주셨잖아요. 그대로 적은 거예요."

현재완료를 활용하는 주관식 문제였다. 오답 풀이를 했으니 고쳐오라는 숙제를 냈다. 하지만 지우고 다시 쓴 자국도 없었다. 주연이는 당당했다. 게다가 내가 그렇게 설명했다는 것이다.

단순히 거짓말을 상습적으로 한다고 생각했다. 이후 심리학을 전공한 지인을 통해 '리플리증후군'에 대해 알게됐다. 본인이 만든 거짓 세계를 진실이라고 믿는 질환. '허언증'이라고도 부른다. 보통 거짓말은 상대를 속이려 하지만 허언증은 다르다. 자기 자신까지 속인다. 영화에서만 보았던 일이 나에게도 일어났다.

"남아서 하고 모르면 다시 물어봐. 뒤에 문제 풀이도 아직이지? 이따 같이 해."

"진짜 했다니까요. 문제는 못 풀었지만, 오답 고치는 건 분명히 했어요."

또 시작되었다. 기 싸움하느라 수업 시간을 낭비할 수 없었다. 주연이는 억울하다는 표정으로 결백을 주장했다. 눈물까지 뚝뚝 흘렸다.

보름 정도 지났을까. 같은 일이 데자뷔처럼 재생되었다.

"저 진짜 했다니까요."

"주연아, 봐봐. 간접 의문문! 저번에 오답 설명까지 같이 했고. 간접 의문문은 어떻게 쓴다?"

"의문사, 주어, 동사 순서대로….'"

"그래, 의문사, 주어, 그다음 동사 쓰면 되는데, 여기 do를 먼저 썼잖아. 왜 이렇게 했어?"

"선생님이 그렇게 쓰라고 해서요."

"내가 do를 여기에 쓰라고 했다고? 왜?"

"do가 주어니까. 주어를 앞에 쓰는 거라고 했잖아요."

do가 주어라는 주연이 말에 놀라지 않았다. 수개월 겪으며 단련된 걸까.

"그러니까 주어가 do라는 말이지? do가 언제부터 주어였어?"

"옛날부터요."

"옛날?"

"전에 다니던 영어학원에서 선생님이 do가 주어라고 했어요."

뫼비우스의 띠가 따로 없다. 처음에는 내가 말실수했었나 싶었다. 거짓말이라는 것을 알고 밤잠을 설쳤다. 같은 일이 반복될 때마다 한숨을 삼켰다.

주연이는 친구 사이에서 이미 믿음을 잃었다. 지난 시험 100점 성적표도 거짓이었다. 점점 믿기 힘든 거짓말이 이어졌다. 작게는 주말에 있었던 일부터 자신과 가족에 대해서까지도. 몇 년을 함께한 친구들이 왜 거짓말을 하냐고 받아쳐도 눈 하나 깜짝하지 않았다. 그러다 또 오답 풀이를 하면, 선생님이 그렇게 알려줬다고 말했다.

원장에게 도움을 요청했다. 학부모 전화 상담은 본인이 맡겠다며 이렇게 말했다.

"퇴원 조치를 해야겠어요. 더 이상 안 되겠네요. 제가 전화할게요."

다음 날 상담이 잘 되었는지 물었다.

"아, 어제 바빠서 전화를 못 했어요!"

이 문제로 회의만 여러 차례. 실행된 것은 아무것도 없었다. 학생에게 상처받고 원장을 향한 믿음이 손톱만큼도 남지 않았다. 극심한 스트레스에 시달리면서도 너무 예민한 건 아닌지 자책했다.

강의실에서 학생들과 소통하다 보면 이런저런 일이 생긴다. 다양한 학생, 학부모를 만나며 남모를 눈물도 많이 흘렸다. 어느 정도 단련된 줄 알았는데 처음 겪는 일은 여전히 당황스럽고 속상했다. 원장이 되니 이런 생각도 든다. 그때 즉시 학부모와 상담을 진행하고 신속한 조치를 취했다면 어땠을까? 이런 상황에서 어떻게 대처해야 할지 강사와 충분한 이야기를 나누었다면? 안정된 근무 환경에서 일할 수 있도록 돕는 것이 원장의 임무라는 것을 배웠다.

4. 나는 누구 여긴 어디

학원에서 근무하면 대부분의 시간을 학생과 함께한다. 학생 때문에 많이 울고 웃는다. 하지만 강사는 원장, 동료 강사, 학부모도 상대한다. 함께 일하는 사람이 괜찮으면 업무가 힘들어도 버틴다. 그게 아니라면 일이 수월해도 늘 사직서를 품고 다니는 느낌이다. 학생 실력 향상을 위해 원장, 학부모, 강사 모두가 함께한다는 생각이 들어야 힘이 난다. 이와 반대되는 상황을 종종 만났다.

붕어빵 100개 굽고 퇴사할 줄이야

마지막 근무일이었다. 연말이라 시상식과 파티를 계획했다. 혼란을 우려해 퇴직 소식은 시상식 후에 전해달라는 원장의 부탁이 있었다. 그러기로 했다. 원장은 몇 주 전부터 행사 날에 붕어빵을 굽자고 했다. 나와 교사들은 최대한 간소하게 하고 싶었다. 이전 행사에서 원장이 손 하나 까딱하지 않았기 때문이다. 밀가루 반죽을 뒤집어쓴 나와 선생님들의 모습이 눈을 감아도 훤했다.

파티 당일, 일찍 출근했다. 반죽 가루, 슈크림, 팥, 누텔라…. 각종 재료가 테이블 위에 있었다. 그리고 업소용이 아닌 가정용 붕어빵 틀이 하나 있었다. 어린이 손바닥 크기의 붕어를 4개 구울 수 있었다. '저걸로 그 많은 아이들을 먹인다고?'

원장이 말했다.

"한 명당 4개씩 돌아가게 구워주려고요."

"한 판 굽는 데 얼마나 걸리죠?"

"저도 안 해봐서 잘 몰라요. 해봐야 알 것 같아요."

원장은 붕어빵 굽는 곳에 발조차 디디지 않았다. 국자와 거품기를 사러 나갔다. 들어와서는 문화상품권을 구하러 또 나갔다. 이후 상장을 인쇄한다며 복사기 주변을 오갔다. 자연스럽게 붕어빵 틀 앞에 내가 서 있었다. 다른 선생님들은 게임과 행사를 진행했다. 작은 붕어 4마리를 굽는데 7~8분이 걸렸다. 그마저도 태우고 덜 익히고 팥과 슈크림이 튀어나왔다. 한 시간 내내 구워도 30개가 안 되었다. 첫 시간에 참석한 학생은 16명, 4개씩 주려면 64개가 필요하다. 불가능하다. 2개씩 준다면 32개다. 케이스에 2개씩 담았다. 분주하던 원장이 와서 개수를 셌다.

"어, 두 개씩 들어있네요?"

"네, 4개 굽는 데 8분씩 걸려요. 두 개씩 주기에도 벅차서요."

"아, 그렇구나⋯."

원장은 말끝을 흐리더니 홍보 스티커를 포장 용기 뚜껑에 하나씩 붙였다. 붕어빵 100여 마리를 굽고 나니 뭔가 빠뜨린 듯했다. 아, 마지막 인사!

"원장님, 오늘 정신이 없어서 초등부 아이들에게 인사를 못 했네요."

"네, 고생하셨습니다."

학원을 나오는 발걸음이 무거웠다. 갑자기 바뀐 선생님을 보면 아이들은 얼마나 서운하고 황당할까? 옷 여기저기 묻은 밀가루 반죽을 떼어내며 계단을 한 걸음씩 내려왔다. 마지막 순간은 보다 따뜻하기를 바랐다. 아쉽게도 더욱 쓸쓸했다.

타산지석. 남의 언행을 보고 나를 수양하자. 더 나은 환경을 내가 만들자. 나와 내 주변부터 바로 세우자고 다짐했다. 끊임없이 배우고 성장하기, 인간미 있는 리더 되기, 보다 좋은 근무 환경 만들기, 행사가 있을 때 철저하게 준비하고 앞장서기… 유쾌하지 않은 경험 덕분에 어떤 사람이 되고 싶은지 생각할 기회가 많았다.

수업은 7시에 끝납니다

"선생님, 엄마한테 전화 와요. 받고 올게요."

"급한 일이니? 학원에 있는 거 아실 텐데. 끝나고 전화드려."

난감한 표정의 민지가 안절부절… 핸드폰 스크린에서 불빛이 계속 새어 나왔다.

"잠깐 나가서 받고 와. 수업 중이고, 7시에 끝난다고 말씀드려."

몇 분 정도 흘렀을까? 설명을 이어가는데 민지가 들어왔다.

"엄마가 지금 나오래요."

"무슨 일 있니? 아프거나 어디 가야 해?"

아니었다. 학부모는 퇴근길에 딸을 픽업하려 했다. 7시에 아이를 태우러 다시 나오기 불편하다는 이유였다. 고입을 앞둔 민지는 도보 15분 거리에 살았다. 수업 종료 후 귀가할 수 있다고 못을 박았다. '똑똑' 누군가 문을 두드렸다. 원장이 들어왔다.

"선생님, 민지 보내셔야 할 것 같아요. 어머님이 기다리셔요."

"원장님, 7시 되려면 한참 남았어요. 다른 학생들도 함께 있는데 수업 분위기가 있죠. 저렇게 가버리면….."

"매일 있는 일도 아니잖아요. 민지 엄마가 학원까지 올라오셨다니까요."

자주 있었던 일이라고 다른 아이가 귀띔해줬다. 퇴근 이후에 생각이 멈추지 않았다. 여기가 학원인지 어린이집인지 헷갈렸다. 수업이 끝나지도 않았는데 '중3 졸업반 아이'를 픽업하겠다는 학부모, 중간에 가버리는 학생, 묵인하는 원장. 나 혼자만 애쓴다고 될 일인가 싶었다.

수업은 교사의 의무이자 권리이다. 오롯이 나와 학생들의 소통시간이다. 천재지변이 아니라면 누구에게도 방해받아서는 안 된다. 수업 분위기 조성을 위해 무던히도 애썼다. 단어 하나 제대로 외워본 적 없어 교과서 수준의 독해도 어려워하던 아이들이었디. 실력을 끌어올리려 애썼지만, 환경이 결국 모든 것을 압도했다. 학교, 학원, 친구, 가정, 그리고 분위기까지 모두 아이를 둘러싼 환경이다. 보다 좋은 환경에서 학습할 권리를 보장해주고 싶었다.

5. 선생님, 얼마 벌어요?

종종 받는 질문이다. 지역, 학원 규모, 근무 시간, 수강 대상, 원내 수업/출강 형태에 따라 급여는 천차만별이다. 최저임금과 물가 상승으로 기본급 역시 올랐을 것이다. 그럼에도 강사를 채용할 원장에게 도움이 될까하여 경험을 토대로 채용 조건을 공유한다. 다음 표에서 평균적인 근무 여건을 확인할 수 있다.

영어 강사는 진입장벽이 높지 않다. 교대나 사범대 졸업자, 전공자만이 할 수 있는 것도 아니다. 전문대 졸업자와 동등한 학력(4년제 대학 2학년 이상 이수) 이상이면 가능하다. 하지만 일단 들어오면 철저하게 맨몸으로 부딪힌다. 학생, 학부모, 원장, 선생님 사이 보이지 않는 총성 속에서 버틸 수 있는가? 이것으로 승패가 좌우된다.

	초중등 어학원	중고등 입시학원	토익 캠프, 대학 부속 어학 센터	유아 대상 방문수업
근무 시간	1시~8시	2~10시	9시~6시	2시~9시
수업시수	5~6타임 (50분 수업)	4타임 (90분 수입)	5타임 (90분 수업)	5타임 (30분 수업)
클래스 인원	6~10명	4~10명	20~30명	1:1 방문 30~40명
기본 급여	약 180~240만 원	약 220~300만 원	약 300~400만 원	약 240~350만 원
인센티브 및 특이 사항	시험 기간 주말 특강, 방학 중 특강 운영에 따른 추가 급여	강사 전속 계약금, 일정 인원수 이상 인센티브 적용	숙소와 식사를 제공하는 경우가 많음	교재 판매 시 인센티브 적용, 가정방문, 자차 운행

20대 초중반 시절의 동료 중 이 일을 계속하는 이는 많지 않다. 안정성, 높은 연봉, 복지만 보면 힘들 수 있다.

그러나 긍정적인 부분도 많다. 첫째, 아카데믹하면서도 학벌의 영향을 덜 받는다. 배움에 대한 즐거움이 있다면 만족할 것이다. 더 쉽고 재밌게 설명하는 스킬이 생기면 더없이 기쁘다. 이해했다는 눈빛, 감사 편지, 향상된 결과에 희열은 배가 된다. 둘째, 수업 시간이나 수입 면에서 유연하다. 육아로 쉬다 오더라도 충분히 다시 시작할 수 있다. 셋째, 조직 문화를 지양한다. 회식이 필요하면 주로 점심에 한다. 불필요한 미팅이나 워크숍이 없다. 자유로움을 추구하는 사람에게는 큰 장점이다. 넷째, 초중고 대학생, 심지어 미취학 아동을 만난다. 순수하고 밝은 학생 들을 본다는 것 자체가 긍정적 요소이다. 때때로 기상천외한 이야기를 듣다 보면 웃음이 멈추지 않는다. 마지막으로, 한국인이라면 절대 떼어낼 수 없는 영어이지 않은가? 자긍심을 가지고 일한다.

이것만은 기억하자. 철저한 능력 위주의 직종이기에 열정과 실행력이 있다면 대성할 것이다. 그만큼 자기 계발이 필수다. 아무도 나를 이끌어주지 않는다. 스스로 연간, 분기, 월간 목표를 설정한다. 실행까지 알아서 한다. 몸과 마음 건강을 위해 운동, 독서, 새로운 것 배우기를 게을리할 수 없다. 오랜 시간 성장하며 나아가는 원장과 강사는 자기 관리가 철저하다.

6. 언제부터 원장을 꿈꿨을까

한 어학원에서 근무한 것이 터닝포인트였다. 과거 학원의 기능은 공부시키고 결과를 내는 것이었다. 더 나은 학습지도를 향한 배움과 성장은 오로지 나의 몫이었다. 반면, 여기서는 뿌리부터 다시 심었다. 학생 실력을 위해 중요한 것은 교사의 퀄리티였다. 강사를 비롯해 모든 직원에 대한 교육을 철저히 했다. 인수인계부터 주간 미팅까지 대충 넘어가지 않았다. 지도자로서 필요한 기초 소양을 익혔다. 학원의 기능, 리더의 역할이 무엇인지 보고 느꼈다.

초중등 전문 어학원은 8세부터 16세까지의 학생들을 받는다. 초등학교 1학년부터 중학교 졸업까지의 9년, 짧지 않은 시간이다. 그동안 학습만 하는 것이 아니다. 오랜 시간을 공유하고 소중한 기억을 쌓는다. 원장은 옆집 이모, 큰엄마처럼 학생을 살폈다. 대표는 학생과 강사를 위해 선물과 교훈을 챙겼다. 무엇보다 오래 함께 가고 싶어 했다. '우리와 일상의 행복을 나눠요' 같은 느낌이었다. 그런 공간을 만들고 싶었다.

나의 학원은 이런 모습이길

과거와 다른 결과를 원한다면 환경 설정이 먼저다. 어수선하고 시스템 없는 환경에서 학습 의지가 생길까? 책상, 의자, 필기구, 학습기기, 공기, 조명, 온도, 소음, 친구, 교사, 책 모두 환경이다. 그렇지 않은 곳을 만났다. 시간표, 시스템, 교재 하나하나 개선하려 애썼지만, 강사의 힘으로는 역부족이었다.

학원에 와 있는 것만으로도 효과적이고 즐거운 경험이 되어야 한다. 학생은 경험을 통해 새로운 것을 배우고 익힐 테니까. 질서 유지, 학습 시스템, 안전한 공간, 튼튼한 책걸상과 학용품…. 당연한 것들을 지키고 싶었다.

목 아프고 코 막히면 이비인후과에 간다. 증상을 말하고 의사의 소견을 듣는다. 처방전을 받아 며칠 약을 먹으면 좋아진다. 학원은 어떨까? 목표는 실력 향상이다. 학생의 과거 이력을 보고, 현재 상황을 진단한다. 적절한 단계부터 시작할 것을 권한다. 교사와 함께 하루하루 공부한다. 수개월, 한 해, 두 해 시간이 흐르면서 배움이 쌓이고 성적이 오른다. 학원에 가는 이유이다.

교육비를 받았다면 그 시간만큼은 책임을 져야 한다. 세심하게 관리하고 역량을 키우도록 돕는 것이 학원의 존재 이유이다. 단계에 맞는 책을 제때 제공하기, 튼튼한 책상과 의자로 다치는 일 없도록 하기, 어학기가 고장 나지 않도록 관리하기, 양질의 교육 제공하기. 제대로 하고 싶었다.

나의 자리, 나의 선택

대학에서 프랑스어와 영어를 전공했다. 연례행사로 뮤지컬을 공연했다. 전통극 〈춘향전〉을 프랑스 버전으로 각색해서 올렸다. 이때 조연출로 참여해 기획력을 길렀지만, 당시에는 죽을 맛이었다.

내게 조연출 자리를 제안했던 연출 4학년 선배는 아르바이트로 자주 자리를 비웠다. 연습을 취소할 수 없으니, 선배들까지 챙겨야 했다. 복학한 남자 선배, 깍쟁이 여자 선배와의 연습은 쉽지 않았다. 원어민 교수님은 'Où est le directeur(연출 어디 갔어)?'를 입에 달고 사셨다. 미친 사람처럼 여기저기 뛰어다니며 필요한 것을 채웠다. 하루하루 줄어드는 날짜에 마음을 졸였다. 공연 날짜가 다가와 포스터와 입장 티켓을 인쇄하는 날이었다.

연출 이름 뒤에 내 이름이 붙었다. 공연이 끝나자 박수갈채를 받으며 연출이 인사했다. 마치 자기가 다 만들었다는 듯이. 담당 교수님은 나에게 꽃을 선물하셨다. 위로받는 느낌은 들었지만, 그때 깨달았다. 사람들은 연출의 이름을 기억한다는 것을. 비슷한 경험을 할 때마다 마음이 불편했다.

강사로 일하며 학교 앞 홍보와 등굣길 시험 응원에 소환되었다. 밀가루 반죽을 여기저기 묻히며 붕어빵 백 마리를 구웠다. 스피치 대회, 공인 인증시험을 위해 뼈 빠지게 연습시켰다. 결과가 학원 이름으로, 원장의 공으로 포장되는 것이 아쉬웠다. '원장이 될 거야' 결심했다. 할 일은 몇 배로 늘었지만 복잡했던 마음 한편에 평화가 찾아왔다.

영어 교육을 시작하고 오랜 시간이 흐른 후에야 창업했다. 강사 시절, 주변에서 말했다.

"하나 차려라. 네가 하는 게 훨씬 낫겠다."

눈앞의 학생이 성장할 모습을 상상했다. 내 이름이 남았으면 좋겠다는 생각이 들었다. 지난날에 대한 후회도 있었다. '진작 하나 차렸으면 지금쯤 자리 잡고도 남았을 텐데.'

지금 선택의 갈림길에 서서 망설이고 있다면? 갈팡질팡하는 마음을 잡아 실행으로 옮기자. 대부분 주저한다. 실행만 해도 한 단계 승리하고 시작한다. 모든 선택이 우리 몫이듯, 결과 역시 그렇다. 강사로 남거나, 원장이 되거나! 나의 자리를 결정짓는 것은 결국 나 자신이다.

7. 공부방 창업 A to Z

　나의 원을 차리기로 했다면 또 선택의 순간이 온다. 공부방/교습소/학원/어학원 중 무엇으로 시작할까? 모두 장단점이 있다.

　공부방 창업을 했으니, 이것을 자세히 풀어보겠다. 최대 장점은 비용 절감이다. 공부방이라 불리는 '개인과외 교습'은 실거주지에서 해야 한다. 덕분에 보증금 수천만 원, 인테리어 비용을 아낄 수 있다. 반면, 눈에 띄는 상가가 아닌 아파트 숲 어딘가에 둥지를 틀려니 불안감도 크다. 이러나저러나 '완벽한 준비'는 없다. 최대한 좋은 선택을 할 뿐이다. 최고를 향한 여정이라 생각하며 지금까지 해 온 것을 공유하고 싶다.

선택의 연속 : 업태부터 프랜차이즈까지

나의 교수법을 가지고 갈까, 프랜차이즈와 함께할까? 영어교육 경력만 14년, 전 연령대를 가르쳐 보았다. 그래도 프랜차이즈를 해야 할까? 고민했지만, 원장은 처음이다. 배울 게 한둘이 아닐 테고 무엇보다 힘들 때 기댈 곳이 필요했다.

프랜차이즈 가맹을 결심했다면 이제 탐색의 시간이다. 입시, 취업, 결혼을 앞두고 심사숙고했던 작업을 한 번 더 한다. 브랜드 파워, 커리큘럼, 가맹비와 월 결제 비용을 꼼꼼히 확인했다. 최종적으로 3가지 브랜드를 두고 상담했다. 관할구역 설정 규칙이 있어 마음에 드는 입지라면 선점해야 한다. 지인을 통해 익히 들어온 B 사와 계약하려 했으나, 옆 단지에 이미 가맹점이 있었다. A, C사 중 최종 선택에는 지사장의 상담 스킬과 동네 분위기가 크게 작용했다.

신도시, 인근 초중등 학교 2~3개, 근처 아파트 단지 4,500세대. 하지만 회사 기숙사로 사용되는 세대가 많고, 산업단지와 함께 조성된 이곳은 생각보다 조용하다. 신혼부부가 많아 영유아 비율이 높고 학구열이 낮은 편이다. 고가 프랜차이즈를 선택하면 학원비 역시 2~3만 원 더 올릴 수밖에 없다. 소비자 입장에서 그 브랜드 때문에 자녀를 보낼까? 적당한 가격대의 브랜드와 가맹을 맺었다.

책걸상 갖추기, 교습자 신고 및 사업자 신고

가맹도 마쳤으니 한 단계 넘어섰다. 이제 공부방 가구와 집기를 들여야 한다. 다른 원의 사진을 둘러보며 학원용 가구를 탐색한다. 디자인과 가격이 예상했던 것과 비슷하면 바로 주문하자. 배송 시간도 꽤 걸리고 신학기를 앞두고는 제작이 밀려있다. 그 외에 책장, 칠판, 책, 필기구, 어학기나 태블릿이 필요하다.

개인과외 교습자 신고를 할 차례다. 각 지역 교육지원청에 직접 방문하거나 우편으로 신고한다. 실제 주민등록상 거주지에서만 교습해야 한다. 준비물은 다음과 같다. 개인과외 교습자 신고서(교육지원청에 구비되어 있음), 주민등록증, 최종 학력 증명서(졸업 증명서), 본인 사진(3×4cm 크기 2매).

이제 사업자 신고를 한다. 프리랜서에서 사업자가 되는 순간이다. 납세의 의무, 카드 결제, 현금 영수증 발급을 위해서 미리 해둔다. 오프라인/온라인으로 모두 가능하다. 신분증을 지참하고 관할세무서나 가까운 세무서 민원 봉사실에서 당일 발급받을 수 있다. 직접 방문하지 않고 국세청 홈택스를 이용할 수도 있다. 홈택스 홈페이지 → 신청/제출 → 사업자 등록 신청/정정 등 → 사업자 등록 신청(개인) 순서로 한다.

	개인과외교습자 신고	사업자 신고
방문할 관공서	관할 교육지원청	관할세무서 세무 민원 봉사실
준비물	개인과외 교습자 신고서 (교육지원청에 구비되어 있음) 주민등록증 최종 학력 증명서(졸업 증명서) 본인 사진 3×4cm 크기 2매	신분증 개인과외교습자 등록증
온라인 신청 가능 여부	온라인 신청 불가 우편 신청은 가능	국세청 홈택스 이용 가능 홈택스 홈페이지 → 신청/제출 → 사업자 등록 신청/정정 → 사업자 등록 신청(개인) 순서로 진행
주의사항	개인과외 교습자 신고는 실제 주민등록상 거주지에서만 가능 신청 후 등록증이 나오기까지 1~2주 정도 소요	직접 방문하면 당일 발급 가능, 온라인으로 신청하면 2~3일 소요

공부방 창업 초기비용

얼마 정도 있어야 가능할까? 가장 궁금했던 부분이다. 선례를 보아도 원마다 지출 비용이 너무 다양해서 가늠할 수 없었다. 직접 하나하나 해보고 나서야 '이 정도 드는구나' 했다. 가맹비에 교육비와 초도 물품비가 포함되기도 하고, 별도로 비용이 발생하는 곳도 있다. 아래 표를 통해 대략적인 창업 비용을 추측할 수 있을 것이다. 개인 커리큘럼으로 진행한다면 가맹 비용을 아낄 수 있다. 하지만 자체 홍보 물품과 교재를 구비하더라도 약 100~200만 원의 지출이 예상된다. 공부방 개업 시 가장 필수적인 부분만 정리해보았다. 예산 세우는 데 도움이 되기를 바란다. 어학실용 책상과 의자는 한 세트당 약 10만 원 지출했다. 일반 책걸상일 경우 좀 더 저렴하다.

공부방 창업 초기 투자 비용 (필수 구비 물품)

항목	비용	실 지출 내역	기타
프랜차이즈 가맹비 (교육비, 초도 물품 포함)	약 200만 원	200만 원	회원별 프로그램 월 구독료/교재비 별도
책상, 의자	1세트 약 10만 원	8세트 80만 원	화물 배송비 별도
책장	1세트 약 10만 원	2세트 20만 원	
어학기(태블릿)	1대 약 36만 원	4대 144만 원	태블릿 케이스/ 거치대 별도
소형 프린터 임대	1대 약 4만 원	매월 4만 원	매월 결제, 2~3년 약정
초기 지출 약 448만 원			

8. 초보 원장 4단계 성장 마인드셋

14년 차 경력, 교육에 대한 자부심과 가치관도 있었다. '이 정도 내공이면 3개월 후에는 자리 잡지 않을까?'라는 생각이 때때로 들었다. 희망 회로만 돌렸던 것은 아니다.

지인 중에 학원을 차리고 한해 내내 고전하는 이가 있다. 월세와 관리비, 프랜차이즈 수수료를 내면 100만 원도 채 안 남는단다. 20년 경력, 신도시임에도 운영이 쉽지 않은 모양이었다. 녹록지 않은 사례를 보며 걱정되었다. 여러 가지 상황을 고려해 최대한 안전한 선택을 했다. 한두 해 하고 말 일이 아니다. 나에게 영어 교육은 곧 삶이다.

투입할 수 있는 자본과 시간을 활용해 아는 만큼 실행했다. 사람은 모를 때 조바심이 난다. '교육'만 해온 내가 학원 경영에 대해 잘 모르니 불안한 것은 당연하다. 꼬박꼬박 나오던 월급도 이제 불확실하다. 미래에 대한 불안과 내가 꿈꾸는 학원 운영에 대한 희망이 공존한다. 이 상황을 극복하기 위해 나는 아래의 방법을 택했다.

Step 1. 배우겠다는 마음가짐

누구나 새로운 분야에 도전할 때는 어려워한다. 창업을 앞두고 '강의'에서 '경영'을 더해야 했다. 배울 것이 많다는 것은 초등학생의 마음으로 돌아가야 한다는 뜻이다. 아직 서투른 나를 인정한다. 동시에 너무 무리한 기대를 하지 않는다. 목표를 낮추라는 말은 아니다. 희망찬 미래를 꿈꾸되 '수개월 내에 이루겠다' 같은 지나친 기대는 갖지 않는다. 멀리 보고 오래가기 위해 촘촘한 성장 계획을 세운다.

Step 2. 배울 수 있는 환경 만들기

배움으로 시작하고 경험이 있는 사람에게 조언을 구한다. 가까이에서 만날 수 없다면, 책이나 소셜 미디어를 통해 전문가에게 묻는다. 창업 약 5~6개월 전, 온라인 학원장 커뮤니티에 가입했다. 그때는 창업 계획이 확실하지 않았다. 하지만 환경이 사람을 만든다는 말도 있지 않은가? 원장 커뮤니티에서 느낀 것이 많다. 경영하며 스스로 발전하려 노력하는 사람들의 모임 안에서 소망이 점점 커졌다.

Step 3. 목표는 작게 설정하고 반드시 이룬다

처음부터 잘 나가는 학원의 모든 것을 따라할 수 없다. 현재 상황에 맞는 작은 목표를 설정했다. 오늘은 공부방 소개 글 올리기, 내일은 다음 글에 쓸 사진과 동영상 모으기, 그다음 날은 지역 카페에 블로그 글 공유하기. '이번 주에 인스타그램 마케팅 마스터해야지!' 이런 목표는 도움 되지 않는다. 구체적이지 않을뿐더러 '마스터'보다는 실행, 결과 창출이 중요하기 때문이다. '다음 달 학사일정 업로드하기', '과제 하는 방법 공지하기' 등 하나씩 꾸준히 올리는 것을 습관화한다.

Step 4. 계속한다

영어를 처음 배우는 아이가 알파벳을 떼고 영어 문장을 읽기까지 짧게는 6개월, 길게는 1~2년도 걸린다. 다양한 단어와 표현을 익히고 중학 교과 과정을 수월하게 습득하려면? 초등 과정을 마친 후에도 지속해서 학습해야 한다. 앉아서 공부하는 것만 해도 이럴진대, 학원 경영은 복잡하고 다양한 분야를 포함한다. 교육 프로그램 개발, 강사 관리, 교재 교구와 시설 관리, 영업 및 마케팅이 필수이다. 재무 및 회계, 행정 및 운영, 학생 진로 진학 지도, 가장 중요한 학생, 학부모와의 소통도 포함된다. 1~2년 한다고 되는 것이 아니다. 지속해서 노력하고 공부해야 한다.

초보 원장 이야기가 이제 막 창업을 결심한 이들에게 도움이 되었으면 좋겠다. 실수는 버리고 잘한 것만 취해서 훨씬 좋은 결과를 만들어 내기를 바란다. 무엇보다 중요한 것은 자기 경험과 능력을 믿고 자신감을 갖는 것. 지금까지 해온 모든 것이 '나만의 특별한 자산'이라고 여긴다. 이에 더해 배움과 질문으로 일상을 채우면 당신도 충분히 할 수 있다.

9. 오프라인 홍보 딱 5개만 하자

　이제는 업의 형태나 직종을 불문하고 마케팅에서 승부가 결정된다. 교육의 질은 상향 평준화 되어 어느 학원에 가도 일정 수준 이상의 교육을 받는다.

　학부모 입장에서는 어느 곳에 우리 아이를 보내고 싶을까? 주변에서 많이 보내는 곳, 관리가 잘 된다는 입소문이 난 곳, 그러면서도 교육비가 부담스럽지 않은 곳을 선호한다. 이제 막 오픈한 공부방, 우리 동네에서 살아남으려면 무엇을 해야 할까? 우리 원이 바로 그런 곳이라는 인식을 심어준다.

현수막 제작과 게시

우리 원의 강점이 드러나면서 눈에 띄게 제작한다. 가맹한다면 본사에서 제공하는 도안이 있어 그대로 주문해도 된다. 하지만 개성이 드러나지 않는다. 그 점을 보완하려 다른 광고 업체에서 보기 좋은 디자인과 내용을 담아 제작했다. 현수막 제작 시 원단, 크기, 마감 방식 선택 시에도 주의한다.

흔하게 길에서 보는 대형 현수막 크기는 400cm×70cm 또는 500cm×90cm이다. 지정 게시대에 걸 생각이라면 직접 전화해서 가로세로 길이를 미리 물어본다. 마감 방식은 양쪽에 천을 팽팽하게 잡아줄 막대와 끈이 붙어있는 방식을 선택한다. 처음 주문할 때 아무것

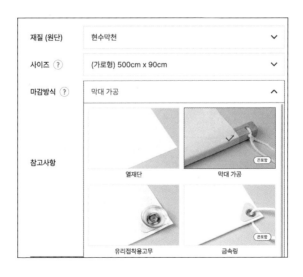

도 몰라서 열 재단, 금속 링으로 했었다. 막대 사다 붙이고 노끈 사다 직접 연결하느라 애먹었다.

아파트 주변 지정 게시대 관리소에 전화했다. 대기자가 많아 한 달은 기다려야 했다. 그마저도 선점한 업체가 추가 결제하면 대기가 길어진다. 아쉬운 마음에 일단 명단에 이름을 올려두었다. 하지만 끝내 연락은 오지 않았다.

입학식을 며칠 앞두고 비장한 각오로 현수막을 들고 나섰다. 게릴라 현수막은 평일에 걸어둘 경우, 다음 날 아침 바로 떨어진다는 이야기를 들었다. 금요일 밤에 현수막 설치를 하러 나갔다. 초/중학교 앞, 학교 가는 길목, 동네 마트에서 눈에 띄도록 큰 길가에 하나씩 걸었다. 학교 앞, 큰 길가에 걸어둔 것은 입학식이 끝나자마자 사라졌다. 학교 가는 길목에 있던 것은 그나마 2주 이상 걸려있었다.

전단 제작과 배포

1인 운영 공부방이라면 우리 원의 특장점, 원장 이력, 커리큘럼을 포함해서 광고 전단을 제작한다. 담고 싶은 내용이 많겠지만, 최대한 장점만 살려 궁금증을 일으킨다. 주문량은 첫 3개월 이내에 소진할 수 있을 정도가 좋다.

대량 주문할 경우 할인이 있기 때문에 처음에 2,000장씩 주문하기 쉽다. 그러지 말고 500장 단위로 주문해서 모두 소진 후, 수정하고 싶은 부분은 고쳐서 새롭게 제작하는 것이 좋다. 다음 학기, 내년 홍보에 쓰려고 해도 추가 입력 사항, 이벤트, 수업 정보가 바뀔 수 있으니 재활용하기 애매하다.

학생이 모이기 시작하면 오후에 홍보하러 나가기가 쉽지 않다. 또한 입학식, 졸업식, 큰 행사를 제외하고는 주로 온라인 홍보를 하게 되어 생각보다 소진이 더디다. 아직도 공부방 한쪽에 쌓여있는 1,000장의 광고 전단을 애써 외면한다. 나와 같은 실수를 하지 않기를 바란다.

스티커 제작과 활용

공부방의 교육철학이 각인되도록 제작한다. 로고 제작을 지원하는 웹사이트가 정말 많다. 다양한 유료/무료 서비스가 있으니 우리 원의 색깔이 드러나는 디자인을 택하고 이름을 넣으면 된다.

교재 및 시험지 포장, 간식 및 문구류 선물, 교재 등에 붙였다. 큰 학원 상가의 간판처럼 눈에 띄지 않아서인지, 때때로 내가 다니는 공부방 이름이 뭔지 모르는 학생이 있다. 현관과 책에 이름이 있어도 그렇다. 스티커를 활용해 우리 원의 이름에 익숙해지도록 하면 좋다.

이외에도 설명회 개최 시, 명절 및 학원 기념일에 준비한 선물에 붙여 학원에 대한 인식을 높인다.

아파트 게시판 홍보

관리사무소에 연락해서 홍보 방법을 물어본다. 같은 아파트라도 단지별로 방법, 비용, 게시 기간이 다르다.

- A단지 : 1주일, 관리소에서 마스터키를 받아 내가 직접 동, 라인 별로 돌아다니면서 게시, 55,000원.
- B단지 : 1주일, 관리소에서 게시해 줌, 거주민 할인 혜택을 받아 35,000원.

또 어떤 곳은 홍보 업종별로 게시 시작 날짜, 접수 날짜가 정해져 있다. 그러니 먼저 전화해서 필요 서류, 게시물을 몇 장 준비해야 하는지, 기간과 비용을 정확하게 확인한다.

길거리 홍보

2~3월은 모든 학원이 홍보에 열을 올린다. 신입생 유치를 위해서다. 누구나 다 하는 초등 입학식, 졸업식 홍보 외에 유치원 졸업생 부모를 대상으로 했다. 등·하원 시간에 맞추어 인사하고 체험 수업권

오프라인 홍보 체크리스트

현수막	우리 동네 지정 게시대 알아보기	☐
	아파트 단지 내 게시대 알아보기	☐
	막대 가공 방식으로 주문	☐
전단	우리 원의 특장점 살려 제작	☐
	개인과외교습자 번호 기재	☐
	500장 단위로 주문	☐
스티커	우리 원의 로고/이름 활용	☐
	교재 커버에 부착	☐
	학생/학부모 선물에 부착	☐
아파트 게시판	관리사무소에 비용, 방법, 게시 기간 문의	☐
	사업자 등록증, 게시할 전단 준비해서 관리사무소 직접 방문	☐
길거리 홍보	전단과 간식거리 함께 포장	☐
	아파트 단지 내 맘스테이션, 놀이터	☐
	가장 가까운 마트 앞	☐
	학교 정문/후문	☐

이 붙은 전단을 나누어줬다. 오전, 오후에 주변 단지에도 한 번씩 홍보했다. 오후 3~4시경에는 놀이터에 아이와 부모가 함께 있는 경우가 많다. 그 위 형제, 자매가 있을 거라 생각하며 어린아이의 부모에게도 나누어주었다. 인스턴트 커피, 비타민 캔디, 학력 평가지, 교육 상품권 등을 함께 넣어 전달했다.

10. 놓치면 후회할 온라인 홍보 5가지

온라인 홍보의 필요성은 절대적이다. 밥 먹듯이 해야 하는 오프라인 홍보보다 더 중요하다. 수업을 시작함과 동시에 홍보할 시간과 에너지를 분배하기 어렵다. 내가 일하는 동안에도 우리 공부방을 알려줄 온라인 홍보, 어떤 방법이 좋을까?

온라인 홍보, 어떻게 해야 할까?

학원 정보와 강점을 빠르고 효과적으로 전달하는 것이 목적이다. 블로그와 인스타그램을 주로 활용한다. 개업 최소 1~2개월 전부터 꾸준히 정보성, 공부방 광고 글을 골고루 채웠다. 정보성 글로는 연령별 영어교육 가이드라인, 학년별 필수 어휘 및 교과 관련 표현을 정리했다. 공부방 홍보는 이런 주제를 활용했다. 원장 소개, 커리큘럼 안내, 교육철학, 성적 향상 사례, 학부모와 학생의 후기 등이다.

대상인 학부모와 학생에게 더욱 잘 노출되도록 설정한다. 인스타그램 광고를 활용하면 특정 지역, 연령, 관심사를 기반으로 홍보할 수 있다. 맘카페나 아파트 단지 커뮤니티 등의 지역 기반 온라인 카페도 있다. 커뮤니티의 규모에 따라 일정액 수수료를 내고 입점한다. 제휴 업체로 등록하는 것인데, 주간 또는 월간 일정 횟수 이상 홍보할 수 있다.

이미지와 영상으로 원의 분위기와 강점을 살린다. 수업하면서 사진, 영상을 찍는 것이 쉽지는 않다. 그래도 오픈 홍보, 지속적인 학원 정보 전달을 위해서 꼭 한다. 발표하는 날을 지정해서 학생의 성장을 사진과 영상으로 기록한다. 학부모 상담뿐 아니라 홍보에도 활용한다. 물론 온라인에 게시할 때 학생의 얼굴은 가린다.

효과적이었던 온라인 홍보 방법

1. 네이버 블로그

어느 회사든 웹사이트가 있다. 공부방 역시 학부모와 학생을 고객으로 하는 작은 회사이다. 우리에게도 디지털 신분증이 필요하다. 가장 쉽게 홈페이지처럼 정보를 제공할 수 있는 방법이 네이버 블로그이다. 학원 정보, 커리큘럼, 시간표, 행사와 새로운 소식도 지속해서 업데이트할 수 있다. 꾸준히 관리하면 최적화가 되어 검색 결과가 상위에 노출된다. 효과적인 제목 및 해시태그 활용이 필수다. 동네, 학교, 해당 과목을 활용해서 눈에 쏙 들어오는 제목을 만든다. 해당 내용을 글로 풀어내면서 키워드를 한두 번 더 반복한다. 네이버 스마트플레이스와 연동해두면 더욱 효과적이다.

2. 네이버 스마트 플레이스

네이버 블로그와 연동해서 활용한다. 여행을 가면 맛집을 검색한다. 네이버에서 '지역 이름+맛집'을 검색해 본 적이 있는가? 가장 먼저 눈에 들어오는 것이 파워링크 광고와 스마트 플레이스 탭이다. 요즘은 어디를 가든 검색이 먼저다. 우리 고객도 그렇다. '지역 이름 +영어학원'을 입력하면 우리 공부방이 나오도록 한다.

플레이스 기능을 통해 잠재고객은 다음 정보를 확인할 수 있다. 공부방 이름, 위치, 관련 사진, 전화번호, 이벤트와 혜택, 운영 시간, 결제 수단 및 시설 정보. 또 블로그나 인스타그램의 링크를 첨부할 수 있고 방문자 리뷰 및 블로그 리뷰도 확인할 수 있다.

3. 맘카페 (지역 기반 카페)

규모가 큰 지역은 맘카페의 힘이 정말 세다. 우리 동네 학부모에게 직접적으로 다가갈 수 있다는 것이 최대 장점이다. 효과적으로 활용하면 학원의 브랜드 인식에 상당히 도움 된다. 우리 동네는 작은 편이라 제휴 업체 등록 수수료가 10만원 내외였다. 지역과 카페의 규모에 따라 수수료는 천차만별이다. 블로그 글을 카페에도 동시에 게시했다. 오픈 이벤트와 특별 행사 관련 글이 조회수가 높게 나왔다.

4. 밴드 (아파트 입주민 커뮤니티)

온라인 카페와 성격이 비슷하지만, 더 가볍고 실시간 소식 업데이트가 빠르다. 그만큼 내 글이 빨리 밀리는 단점이 있다. 하지만 모바일 환경에 최적화되어있어 학부모에게 활용도가 높다. 밴드 역시 온라인 카페처럼 제휴 업체로 등록 후 광고할 수 있다. 가입 후 해당 규칙을 잘 살핀 후에 활동하는 것이 안전하다.

5. 인스타그램

시각적으로 고객에게 빠르게 다가갈 수 있다. 교육 프로그램을 한눈에 들어올 수 있게 카드 뉴스로 제작해 홍보한다. 무엇보다 맞춤 광고가 가능해 지역, 성별, 연령, 관심사 등을 설정해 특정 대상을 위한 메시지를 전달하기 좋다.

수업 중 활동, 학생들의 성과, 이벤트 및 공지 사항을 이미지나 동

영상으로 제작해 직관적으로 보여준다. 시청각을 통해 빠르게 잠재
고객의 눈과 귀를 사로잡을 수 있다.

온라인 홍보 체크리스트

네이버 블로그	학원 정보, 커리큘럼, 시간표, 이벤트 업로드	☐
	인근 학교, 동/지역 이름 활용	☐
	네이버 스마트플레이스와 연동	☐
네이버 스마트플레이스	네이버 블로그와 연동	☐
	관련 키워드 설정: 지역 이름+영어학원, 인근 학교+학원 등	☐
	사진, 이벤트, 운영 정보 주기적으로 업로드	☐
맘카페 (지역 기반 카페)	제휴 업체 등록	☐
	블로그에 게시한 글을 보기 좋게 편집해서 동시 게시	☐
	오픈 이벤트, 정기 소식 업데이트	☐
밴드 (아파트 입주민 커뮤니티)	제휴 업체 등록	☐
	모바일 환경에서 작업	☐
	글보다는 사진, 영상 등 시각적인 광고 위주	☐
인스타그램	교육 프로그램, 학원 정보를 카드 뉴스 형태로 업로드	☐
	활동, 성과, 이벤트 및 공지 사항을 이미지와 동영상으로 업로드	☐
	지역, 성별, 연령대, 관심사 기반 맞춤 광고하기	☐

11. 드디어 개원, 첫 고객은 누구?

코로나 이후 가장 중요하다는 온라인 마케팅, 블로그에 신경을 썼다. 오픈 전부터 주 3회 이상 글을 발행했다. 동네가 크지 않아 2개월 정도 지나자 상위 노출이 가능했다. 그런데도 상담 전화는 가뭄에 콩 나듯 했다.

드디어 나에게도 기회가! 블로그를 보고 방문한 학부모가 학생과 함께 대면상담 후 등록한다. 레벨 테스트를 통해 학생의 실력을 짐작한다. 수업을 시작하니 예상보다 심각하다. 예비 중인데 파닉스부터 다시 해야 할 판이다. 상상도 못 할 만큼 기초 학력 없는 아이의 상담이 많이 들어온다. 오픈 초기에는 한 명 한 명이 소중하다. 금이야 옥이야 정성을 가득 담아 잘 키우겠다는 다짐뿐이다. 하지만 모두가 내 마음 같지는 않다. 때로는 상처받고 때로는 감동한다.

우리 아이에게 절대 화내시면 안 돼요

중3 학생이 학부모와 상담하러 왔다. 학생은 말이 없었다. be 동사와 일반동사 개념부터 잡아야 했다. 여러 학원에 다녔지만, 영어를 어려워해서 한두 달 정도 쉬다 온 상태였다. 학부모는 아이가 학업 때문에 스트레스를 받는다며 덧붙였다.

"선생님, 우리 아이가 몸은 다 컸어도 아직 아기예요. 스트레스 받는지 공부하다가 머리를 쥐어뜯기도 해요. 수업하시면서 화내지 말아주세요."

화를 낸 적이 손에 꼽는다. 처음 근무했던 학원에서 한 시간 내내 엎드려 자던 학생. 그리고 개인과외 중 대답도 끄덕임도 없던 학생. 의사소통만 될 정도라면 학생에게 큰 소리 내지 않는다. 훈계나 잔소리가 있을 뿐.

"어머님, 걱정 마세요. 신경 써서 잘 지도하겠습니다."

오픈 후 첫 등록이었다. 반갑고 고마웠다. 개인과외만큼의 관심과 신경을 쏟았다. 문제는 일방적인 열정과 관심이었다. 수업한 지한 달이 지나도 아이는 마음을 열지 않았다. 질문에 여전히 고개만 끄덕이거나 가로저었고, 모른다는 대답도 없었다.

"왜 아무 말이 없어, 몰라서 그런 거야?"

재차 물으면 그제야 고개를 끄덕이거나 짧게 '네' 했다.

숙제를 안 해와서 이유를 물으니 여전히 묵묵무답이다. 어느 부분을 모르냐고 묻자 연필로 문제를 가리켰다. 뜻을 모르는지 문제 푸는 방법을 모르는지 또 물었다. 매시간 스무고개를 수십번씩 했다. 아이는 여전히 입을 열지 않았다. 학부모에게 아이가 의사 표현을 하지 않는다고 상담했다. 이런 답이 돌아왔다.

"어머, 그럴 리가요! 집에서는 얼마나 말을 잘하는데요. 이것저것 아는 것도 많고, 어떨 때는 제가 못 당할 정도라니까요. 수업 시간에는 왜 그러는지 제가 한번 물어볼게요."

다시 전화가 왔다.

"네~ 선생님, 사적인 이야기는 아직 하고 싶지 않다네요. 아직 선생님이랑 친해질 시간이 필요한가 봐요."

사적인 얘기…. 내가 무슨 이야기를 했었더라?

'학교 잘 다녀왔니? 주말 잘 보냈어?' 이런 것이 사생활에 대한 지나친 관심이었을까. 돌아오는 답은 늘 단답형이라 더 길게 이어질 수도 없었다.

시간이 흐르면서 아이의 태도도 안 좋아졌다. 이제는 어디를 모르냐고 물으면 턱짓으로 문제를 가리켰다. 수업을 마치고 배웅하며 말했다.

"묻는 말에 대답해야 선생님이 너랑 수업을 계속할 수 있어. 뭘 모르는지 정확하게 알아야 제대로 알려주고 너에게 필요한 걸 주지. 계속 이러면 우리가 어떻게 수업을 할 수 있겠니?"

그리고 며칠 후 학부모는 서운한 기색을 표했다.

"선생님 우리 애기한테 화내셨다면서요? 아, 다 커 보여도 아직 저한테는 애기라서요~ 아휴, 요즘 스트레스를 너무 받는지 영어를 쉬고 싶다네요."

지금도 그때 어떻게 대해야 좋았을까 생각해본다. 아이 태도와 학부모의 대응이 아쉽기도 하다. 나도 적당한 관심을 줬어야 했다. 자기만 바라보며 모든 관심을 쏟으니 부담스럽기도 했겠다. 안 그래도 한참 예민한 시기, 숨 막히는 기분이 들었을까? 학생을 위하는 것은 좋지만, 멀지도 가깝지도 않은 거리를 두어야 한다.

런닝맨 저리 가라 일상이 TV Show

하루하루가 여느 엔터테인먼트 프로그램 못지않다. 서비스 차원에서 3월에 입학한 초등부 1학년을 직접 데리러 갔다. 횡단보도 하나 건너지 않는 가까운 거리의 초등학교지만, 아직 어려서 어디로 튈지 모른다. 놓칠까 싶어 손을 꼭 붙잡고 함께 걸었다. 갑자기 한 아이가 손을 뿌리치고 뛰기 시작했다.

"준서야! 선생님이랑 같이 가야지, 뛰지 않기! 다 같이 손잡고 가기로 했잖아~."

이름을 부르며 뒤쫓아갔다. 그러다 뒤에 오는 다른 학생들이 눈에 밟혔다.

"공부방 앞에 먼저 도착해서 기다리기!"

불안한 마음으로 아이들 손을 잡고 부지런히 뒤를 따라갔다.

드디어 도착! 그런데 현관문 앞, 아이가 없다. 기다려도 오지 않고, 주변 놀이터에도 없다. 학부모에게 전화해 자초지종을 설명했다.

"어머님, 준서가 손을 뿌리치고 뛰어가서요. 어제는 먼저 갔어도 문 앞에서 기다리더니 오늘은 어디를 간 건지 보이지 않아서 연락드렸습니다."

당황한 듯했지만 학부모는 오히려 차분하게 답했다.

"제가 우리 아들을 잘 알아요. 선생님, 걱정하지 마세요. 혹시 집으로 오면 바로 학원 보낼게요."

통화버튼을 누르기까지 손끝이 달달 떨렸다. 이런 상상 저런 상상으로 심장이 튀어나오는 줄 알았다. 그렇게 말해주니 얼마나 감사한 마음이 들던지. 10분 정도 흘렀을까? 현관문 벨 소리가 들리고 준서 얼굴이 보였다. 아이를 잃어버렸을까 싶어 심장이 발끝까지 떨어지는 줄 알았다. 그날 올해 흘릴 식은땀은 다 흘렸다. 서비스도 좋지만, 위험부담이 있는 일은 꼭 신중하게 결정해야 한다.

12. 오픈 1년 차에 만난 복병

학원, 교습소, 공부방 창업 책을 통해 일어날 수 있는 다양한 문제를 미리 그렸다. 생생하고 무시무시한 에피소드를 수도 없이 읽었다. 담력을 키우는 데 도움이 된 것 같아 안심했다. 착각이었다. 무엇보다 발생하는 문제가 달랐다. 상상도 못 했던 곳에서 툭툭 튀어나오는 두더지처럼. 개원 이후 지루할 틈이 없었다. 공부방 운영 1년 차, 이런 복병을 만났다.

생활공간과 공부방의 모호한 경계

1) 방/거실

오픈 당시 2~3월, 아직 한낮에도 밖은 오들오들 떨릴 정도로 추웠다. 실내는 따뜻했기에 냉난방으로 신경 쓸 일이 없었다. 겨울과 봄을 지나면서 방 하나를 어학실로 썼다. 거실 한쪽에 코칭 테이블을 뒀다. 문제는 6월 이후 발생했다. 어학실로 쓰던 방에는 에어컨이 없었다. 아이들이 더위를 타면서 공기가 탁해졌다. 창문형 에어컨을 설치할지 책상을 거실로 옮길지 고민했다. 생활공간이기도 하니 가족에게 미안했다. 어학실에 에어컨을 달더라도 코칭은 거실에서 해야 했다. 결국 여름이 시작되기 전, 어학실 책상을 모두 거실로 옮겼다.

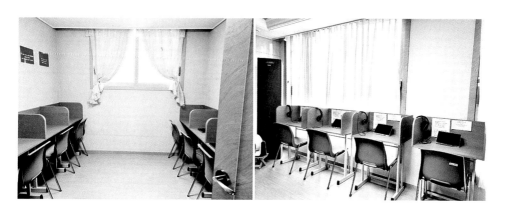

2) 주방

부엌으로의 시선을 차단하고 싶었다. 이동식 파티션 구매, 가벽 설치, 천정에 레일 깔고 커튼 달기, 부엌 쪽으로 책장 배치를 두고 고민했다. 공부방이지만, 생활공간이기도 하다. 오전, 저녁, 주말 수시로 오가는 부엌과 세탁실을 향한 통로에 무언가 설치해야 할까? 고민을 거듭하다가, 주방을 향한 아일랜드 식탁 위로 2단 책장을 2개 올렸다. 오른쪽으로 이동시키면 주방 안쪽으로의 시선을 차단할 수 있다. 일상에서 답답할 때는 왼쪽으로 밀어둔다. 책장에는 자주 활용하는 교재와 필기구 및 파일을 정리한다.

3) 화장실

화장실 2개 이상의 구조라면 큰 갈등 없이 활용할 수 있다. 거실과 연결된 화장실만 공용으로 오픈한다. 늘 깨끗하게 유지하고 티슈와 손 세정제가 떨어지지 않도록 관리한다. 화장실이 1개일 경우, 사용 중인 욕실용품(칫솔, 클렌징폼, 샴푸 등)은 수납장 안에 보관한다. 어느 공부방 선생님은 예민한 사춘기 학생을 위해 화장실에 음악이 흐르도록 스피커를 설치했다는 사례를 보았다. 괜찮은 방법이라 도입할 예정이다.

연령 불문, 'Phonics' 반 배치되는 신기한 현상

예상했지만 실제 상황이 닥치면 역시나 당황스럽다. '진짜' 기초가 없는 학생이 많이 온다. 비율로 따지면 80% 정도가 연령을 불문하고 'phonics'부터 시작해야 한다. 초등 저학년 학생과 학부모에게 감사한 마음마저 든다. 충분한 시간을 두고 실력을 쌓아갈 수 있으니까. 예비 중, 예비 고인 데 'cry' 뜻을 모르고 읽지 못했다. 숫자 1~20, 월화수목금토일, 1월~12월 단어를 모르는 경우가 흔하다.

이럴 때일수록 마음을 다잡는다. '제2외국어를 새로 시작한다면 같은 입장이겠지?' 스스로 질문한다. 차분해지면서 눈앞의 학생을 어느 정도 이해할 수 있다. 과거가 어떻든 이 학생은 나에게 배움을 받으러 왔다. 경험하지 못했던 '영어교육을 서비스'하는 것이 나의 일이다. 잊지 않으려 프린트해서 매일 읽는다.

프랜차이즈에 가맹하면 수월해질까?

힘들 때 기댈 곳이 필요해 프랜차이즈에 가맹했다. 결정이 힘들다면 창업 과정에서 도움을 받을 수 있다. 본사에서 가이드라인을 준다. 적절한 개원 시기, 수업 시간과 원비 설정, 교재와 커리큘럼, 상담 및 홍보자료 확보가 수월하다. 하지만 아쉬운 부분이 없지 않다. 운영하다 보면 비효율적인 부분이 보인다. 실전과는 다른 본사의 지침에 갈등도 있다. 100% 완벽한 것은 없으니 장점만 취한다면 후회하지 않을 것이다.

다음 페이지의 표에는 가맹을 맺고 도움을 받았던 부분, 아쉬운 부분을 정리했다. 브랜드별로 규정이 다른 부분이 있다. 나의 경험에 비추어 정리한 정보가 가맹 결정에 도움이 되기를 바란다.

프랜차이즈 가맹 시의 장단점

	도움받는 부분	아쉬운 부분
개원 시	개원 전 가이드라인 제시	없음
	개원 시 오프라인 홍보 (길거리 홍보 조력)	입학식/졸업식 등 모든 원이 홍보가 필요할 때는 도움 받기 어려움
	커리큘럼, 콘텐츠 활용 가능	프로그램 활용할 태블릿 및 어학기 구매 비용이 큼(본사 통해서 새 제품으로 구매해야 함)
상담 시	상담 자료 및 브로슈어, 홍보물 구입 가능	브로슈어, 홍보물 등 구매 시 개인이 진행할 때와 비용 차이 크지 않음 본사에서 제공하는 자료는 원의 개성을 살리기 어려움
수업 진행 시	커리큘럼 제공	중등 내신 대비 실효성이 떨어짐
	진도 자동 설정	진행 속도가 늦는 학생은 별도 설정 필요
	온라인 콘텐츠 제공	프로그램 사용료 매월 발생
이벤트	전국 콘테스트 실시	연 1~2회 정도로 횟수가 적음
일상에서	일상에서 발생하는 문제 문의 가능	본사, 지사로부터 응답이 늦을 수 있음

13. 시험지 분석보다 이것 먼저

"나중에 커서 뭐 하고 싶어?"

"하고 싶은 거 없어요. 외국 나가 살 것도 아닌데 영어는 왜 배워요?"

시스템이 훌륭해도 자기주도학습이 가능하려면 자발적 의지가 필요하다. 2020년, 세상은 바뀌는데 교육은 그대로였다. 강사로서 뚜렷한 목적이 있었다. 학생 실력과 성적 향상. 아쉽게도 학생은 아니었다. 20%만이 좋은 학교, 더 나은 미래를 그리며 공부했다. 80%는 끌려왔다.

"몰라요, 공부만 아니면 돼요."

이런 대답을 듣고만 있을 수 없었다. 해결책을 찾아야 했다.

학생을 제대로 아는 것이 먼저였다. 흥미와 적성을 파악하는 프레디저(Prediger)진단 교육을 들었다. 과거의 진로 적성 검사는 장래 희망, 직업 찾기가 중점이었다. 프레디저는 근본적인 흥미, 재능의 뿌리를 탐색한다. 관련 지식, 감성을 키우고 체험, 독서, 관련 인물을 만나는 경험을 유도한다. 하나의 천직을 찾아야 한다는 질문을 버린다. 대신 이렇게 묻는다.

"어떤 필드(field)에서 즐기며 살고 싶니?"

학습에 앞서 더 중요한 게 있다는 것을 깨달았다. 진단 결과는 상담 시 유용했다. 아이가 좋아하는 것, 잘하는 것이 없어 고민이라는 학부모가 많았다. 자녀의 흥미와 적성이 어디에 있는지 알려주었다. 학생에게는 어떤 활동이 그에 해당하는지 설명했다. 스스로 생각하도록 하기 위함이었다.

하지만 어깨가 축 처진 학생의 기분을 진단하는 검사는 없었다. 집중 못 하는 아이의 속마음을 알 수 없었다. 소소한 하루가 쌓여 태도와 집중력을 만들어 가는데도 말이다. 방법을 찾고 싶었다. 비용과 시간을 크게 들이지 않고 활용할 수 있는 분석 도구를 모았다. 온라인, 책에서 이것저것 끄집어냈다. 교실 분위기가 살아났다. 그중 탁월했던 5가지 학생 분석 도구를 소개한다.

일상 속 학생 분석 도구 TOP 5

1. Life Milestones

어떻게 살아왔는지 알 수 있다. 종이 한 장을 접어서 가운데 선을 0 기준선으로 잡는다. 맨 왼쪽 끝에 점을 찍고 생일을 쓴다. 좋으면 좋은 만큼 위로, 안 좋으면 안 좋은 만큼 아래로 점을 찍는다. 그리고 간단한 설명을 쓰게 한다. 어떻게 자라왔고 어떤 환경에 있는지 알 수 있다.

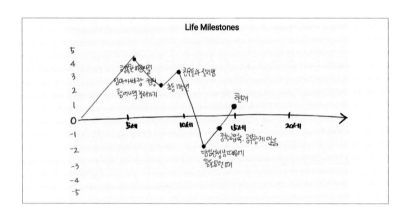

2. Emotion Mind Map

복잡한 감정을 파악하고 무슨 일이 있는지 알 수 있다. 종이 한 가운데 동그라미를 그리고 본인 이름을 쓰게 한다. 요즘 주로 드는 감정을 마인드맵처럼 연결한다. 관련된 사람, 장소, 사건을 가지치기하며 쓰도록 한다. 유난히 힘들어 보일 때 활용하기 좋다.

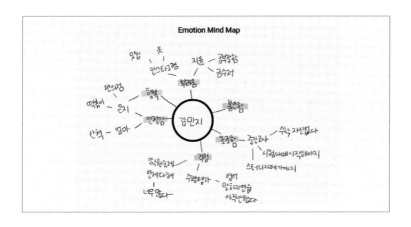

3. Friends Graph

둥근 원이 작은 점부터 시작해서 점점 커지는 나이테 모양 그래
프를 그린다. 자신을 중심으로 마음의 거리만큼 가깝게 혹은 멀게

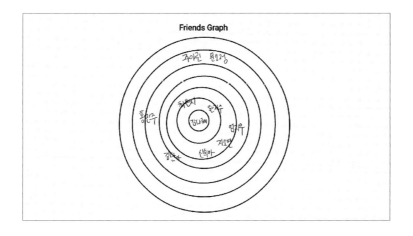

친구 이름을 쓰게 한다. 대략적인 교우 관계를 알 수 있다. 특히 여학생의 복잡한 친구 관계를 파악하기 좋다.

4. Family Mind Map

자신을 중심으로 가지를 뻗어 가족 구성원을 모두 쓴다. 잔가지를 치면서 특징이나 기억나는 것을 적는다. 가족관계를 알 수 있다. 관련 에피소드가 많기 때문에, 아이와의 유대를 높이는 데 활용할 수도 있다.

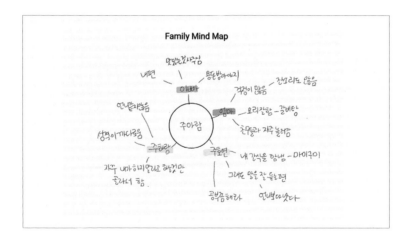

5. Manual of Me

자기소개서 캐주얼 버전과 제품 설명서를 합쳐놓았다. 이름, 생일, 잘하는 것, 못하는 것, 기분이 좋을 때, 안 좋을 때, 취미나 음식

등 일반적인 것부터 쓴다. 필요하다면 특별한 것까지 여러 영역으로 구성한다. 먼저 Manual of Your Teacher를 주고 학생에게 써 보라고 한다.

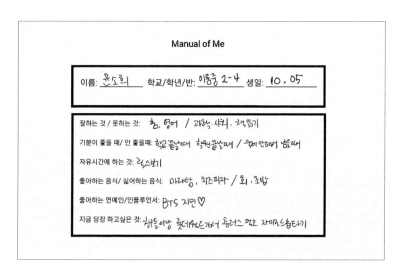

분석표 덕분에 아이들의 마음을 이해할 수 있었다. 하나씩 적용해보면서 도움이 되고 싶었다. 교육 과정도 학생 맞춤으로 변형할 수 있었다. 어쩌면 미움은 무지에서 오는 것 이닐까? 알면 뭐라도 하나 더 해주고 싶다. 아이 마음을 헤아릴 수 있는 마법, 관심과 분석이다.

※ 이해를 돕기 위해 삽입한 각 분석표의 학생 이름은 가명입니다.

14. 간 보는 학생 대응하기, 단호박 5종 세트

"한 번만 봐주세요. 내일까지 다 외워 올게요."

"내일은 내일 볼 단어가 있지. 지금 외우고 재시험 보자."

"제발요. 진짜! 다 해올게요. 내일 단어까지 모두! 저 약속 있단 말이에요!"

"너 봐주면 다 봐줘야 해. 규칙이야. 저기 앉아서 외우고 재시험 봐."

"어제 민지는 아프다고 보내주고 저는 왜 안 돼요? 저도 아파요. 약 봉투 보이죠?"

익숙하지 않은가? 아픈 친구까지 소환해서 꼭 집에 가겠단다.

입술이 쭉 나온 지수는 기분이 상했다. 다음 날, 교육법에 대한 글을 읽었다. 단호하게 말하기와 무섭게 말하기. 단호함이란 **firm**. 기준을 정하고 지키는 것. 외부 요인 때문에 변하지 않는다. 반면 무서움은 **scare**. 두려움, 공포, 무섭게 한다는 뜻이다. 두려워하는 대상이 있어 회피로 이어진다.

단호함을 유지하려 했다. 하지만 한계에 부딪히면 무서움이 기름 부은 듯 타올랐다.

"웃으면서 말할 때 얼른 하고 가라."
"한번만요~ 진짜 해온다니까요~!"
"규칙을 나 혼자 정했어? 같이 약속했는데 왜 자꾸 어겨? 벌써 몇 번째야?"

험악한 표정, 큰 목소리에 학생은 움츠러든다. 반발심에 눈을 치켜뜬다. 곧 교사의 눈치를 보며 적당히 주의자가 된다. 화내지 않고 수업 분위기 유지하기. 가장 어려운 부분이었다. 평소에는 친절했다. 여러 번 말해도 안 들으면 목소리를 키우고 인상을 썼다. 그게 빠른 방법이었다.

교사의 평정심은 곧 수업 분위기

대화할 때 말로 정보를 얻는 비율은 약 7%. 나머지는 표정, 목소리, 말의 속도 같은 비언어적 요소이다. 같은 말이라도 어떻게 하느냐에 따라 의미가 달라진다. 교육법 책에서는 친절함과 단호함을 갖추라고 했다. 무게 있는 이야기를 웃으며 하라는 건가? 현실은 달랐다.

'선생님 표정을 보니 숙제 적당히 해도 되겠다.'
'한번 말하고 넘어가시려나? 오늘 집에 일찍 갈 수 있겠다.'
아이는 교사 머리 꼭대기에 있으려 한다. 우리가 학생을 꿰뚫어 보고 싶은 것처럼, 아이도 교사를 관찰하고 그에 맞추어 행동한다.

단호한 말을 할 때는 '무게감' 있는 분위기부터 만든다. '무서움'과 헷갈리면 안 된다. 인상 쓰기, 목소리를 지나치게 키우기, 노려보기는 금지다. 그건 분위기로 때리는 것이다. 대신에 담담함을 갖는다. 빨간 불도 초록 불도 아닌 주황 불이다. 기다리면서 규칙을 따르는 긴장된 분위기. 더불어 정했던 약속을 또박또박 강조하면서 말하면 효과적이다.

가정법 주의하기

학생은 집요하게 빈틈을 찾아 파고든다.

"선생님 만약 손 떨릴 정도로 아파서 연필도 못 잡으면 어떻게 해요?"

"가족끼리 어디 가기로 해서 엄마가 빨리 오라고 하면요?"

질문의 웅덩이에 빠지지 않도록 주의한다.

"그때 생각하자. 미리 걱정하지 말고. 우리 약속은 어떤 상황에도 숙제 해오기, 안 해오면 무조건 남아서 하고 가기, 알겠지?"

질문 하나하나에 대답하다 보면 말려든다. 결국 어찌할 수 없는 상황이 나온다. 예외를 인정하는 순간 공든 탑은 무너진다. 원활한 수업과 분위기 유지를 위한 '단호박 세트'를 소개하고 싶다.

단호박 5종 세트

1. 제한된 선택권 : 지금 이 교실 뒷자리에서 할래, 아니면 옆 교실에서 할래?
2. 한계 설정 : 집에서 해오기는 선택 사항이 아니야. 1분 더 기다릴게. 대답 없으면 옆 교실에서 하는 것으로 이해할게.
3. 질문 : 이런 상황이 생기면 어떻게 하기로 했지?

4. 침묵 : 더 이상 대답하지 않고 제스처나 행동으로 안내하기.

5. 감정 전달 : 같은 이야기 반복하니까 선생님은 너무 지친다.
   더 이상 이야기하지 않을게.

모두에게 사랑받고 싶었다. 예외를 둘수록 기준이 모호해졌다. 학생들은 선생님 다루는 기술을 연마했다. 미움받을 용기가 필요하다. 당장은 나를 원망하더라도 시간이 흐른 뒤에는 긍정적인 결과를 낼 것이다. 단호함, 교사에게 가장 필요한 자질이다.

15. 클래스 마감하는 상반기 일정

강사 생활하는 동안 체득했던 월별 일정을 하나씩 실행하는 즐거움이 컸다. 예비 창업자에게 도움이 되기를 바라며 상반기 일정을 공유한다. 3월 오픈을 앞두고 3개월 전부터 본격적으로 실행했다.

작년 12월, 새해 다짐으로 시작하는 사업 계획

꼭 이루어지기를 바라는 마음을 담아 다이어리에 꾹꾹 눌러썼다. '우리 동네 1등 영어 교육기관이 되자. 아니, 일단 시작부터 하자. 3월에 산뜻하게 개강하려면 2월에는 문 열고 상담부터 받아야겠다.' 오랜 소망을 글로 적었다. 눈에 보이는 '문장'으로 표현하자 뭐라도 해야겠다는 마음이 들었다. 관심 있던 프랜차이즈 회사 세 곳에 상담을 신청했다. 꼼꼼히 비교해서 나의 기준에 잘 맞는 브랜드를 선택했다.

1월, 세팅 완료

프랜차이즈 가맹 계약서를 썼다. 믿을 구석이 생긴 것 같아 든든했지만, 시스템이 있어도 실행은 혼자 해야 한다는 생각에 다시 막막해졌다. 그래도 어쩌겠는가? 벌써 도장 찍고 결제도 했다. 이제 시작이다. 책상, 의자, 어학기 태블릿을 주문한다. 프린터 임대 업체에서 소형 프린터를 대여한다. 홍보를 위해 블로그에 글을 쓴다. 공부방 및 원장 소개, 커리큘럼을 시작으로 성적 향상 사례, 교육 칼럼, 학부모의 메시지, 학생의 손 편지와 수강 후기도 작성한다. 개인과외 교습자 신고와 사업자 신고도 미리 해둔다.

2월, 홍보와 상담 시작

오프라인 홍보를 한다. 아파트 단지 게시대에 전단을 부착한다. 오전에는 블로그, 카페, 길거리 홍보를 하고 오후에는 체험수업을 한다. 현수막 설치가 쉽지 않다. 지정 게시대에는 미리 신청해야 걸 수 있다. 대기를 걸어두었으나 몇 달이 지나도 빈자리가 나지 않는다. 공부방 위치를 알리려고 창문 바깥쪽으로 현수막을 설치하고 싶었다. 발코니 확장으로 난간이 없어 안된다. 저층이라면 창문에 'LED 조명 간판'이나 '시트지 부착'하는 것도 괜찮다.

수강 등록을 위한 카드 결제 단말기가 필요하다. 이런저런 이유로 카드 단말기 구매를 고민하던 중 IBK POS를 발견했다. 기업은행에서 제공하는 무료 카드 결제 서비스이다. 스마트폰에 애플리케이션을 다운로드받아 쉽게 사용한다. 카드 결제, 원격 결제 링크 발송, 현금 영수증 발행 등 다양한 기능이 있다. 무료로 사용할 수 있어 공부방 창업 초기에 유용하다.

3월, 새 학기 시작

드디어 입학식. 어떤 홍보물을 들고 나갈까? 전단에 무엇을 끼워줘야 눈에 띌까? 고민을 거듭하며 자료를 검색한다. 사탕, 커피믹스, 라면, 공책, 필기구 등…. 다양한 아이디어로 무장한 입학식 홍보 후기가 보인다. 학부모의 눈길을 한 번이라도 더 끌고 싶다. 투명 L파일에 '초등 필수 어휘 문제'와 '교육 상품권' 할인 쿠폰을 전단과 함께 넣는다. 비타민 캔디와 커피믹스도 붙인다.

2월에 등록한 신입생들과 수업을 시작한다. 활기찬 새 학기를 맞이할 수 있다. 하나, 둘 신입생이 들어오니 활력이 생긴다. 공강 시간에는 블로그 업로드, 아파트 단지 놀이터 홍보를 계속한다.

4월, 정성스러운 결과물 발송

중등부는 시험 대비로 정신없이 바쁘다. 고득점을 위해 어휘, 대화문, 본문 암기를 철저하게 시킨다. 무엇을 공부시키는지 정기적으로 안내문을 보낸다. 잘 못 따라오거나 소소한 문제가 생기는 학생은 지체 없이 상담한다.

학교에서 이렇다 할 평가가 없는 초등부는 어찌할까? 한 달이라는 짧은 시간이지만, 갈고 닦은 학생 실력을 조금이나마 기록해 주고 싶다. 초등부 한 명 한 명 스토리 리딩하는 모습을 영상으로 남긴다. 공들여 편집해서 학부모 편에 카톡으로 전송한다. 정성스러운 메시지와 함께. 내 자녀가 영어책을 술술 읽고 외워서 말하는 영상을 본다면 기분이 어떨까? 피드백이 좋았다.

5월, 올 것이 왔다 가정의 달!

어린이날, 어버이날이 있는 가정의 달이다. 초등부를 위한 베이킹 클래스를 연다. 쿠키 도우와 모양틀을 미리 주문한다. 직접 만들어 가져갈 수 있도록 포장 용기도 마련한다. 고사리손으로 만든 쿠키를 오븐에 넣고 굽는 동안 '레시피'를 함께 써본다. '**Recipe**

for Chocolate Cookies'를 쓰면서 **sugar, chocolate, cookie, dough, roll, bake** 등의 관련 단어를 익힌다. 저학년 위주로 진행되어 즐겁게 행사를 마무리한다. 고학년은 어버이날을 위한 'The Greatest Parents' 상장도 만든다. 부모님께 감사함을 표현하기 바라는 마음을 담았다. 중등부는 미리 구워놓은 쿠키를 먹고 정상 수업을 이어간다.

6월, 다독 왕 시상식 & 특별 수업 시도

매시간 영어책 읽기를 의무화한다. 단계별로 초등 저학년부터 고학년, 중등부까지 맞춤 레벨로 학습한다. 매시간 1권씩은 꼭 읽도록 했다. 성실하게 출석한 학생은 어느덧 50권을 돌파했다. 소소한 보상을 준다. 다독 왕 시상식을 열고 상장과 간식 꾸러미를 상품으로 준다. 100권 시상식을 기대하라는 말과 함께 열심히 참여하는 학생을 격려한다.

주 5회 같은 루틴으로 학습하면 점차 지루해진다. 신입생이 익숙해지기까지 약 2주~1달이 걸린다. 그 이후 매일의 훈련 외에 다른 자극이 필요하다. 주 1회 특별 수업을 시도했다. 리스닝&리딩 위주의 훈련 외에 라이팅&스피킹으로 구성한다. 주변의 다양한 소재를 기반으로 주제를 정한다. 어휘, 표현을 학습하고 직접 문장을 써본다. 특별 수업을 할 때는 분위기가 달라진다. 테이블에 빙 둘러앉아 자기가 쓴 영어 문장을 발표하고 이야기를 나눈다. 친구와 대화하며 행복해하는 아이들을 보니 정규 수업으로 편성해야겠다는 확신이 든다.

16. 원생 늘리는 하반기 일정

하반기도 어렵지 않다. 학원 운영은 지루할 틈이 없다. 매월 작고 큰 행사와 연간 4회의 정기고사 덕분이다. 운영 시간뿐 아니라 앞뒤로 수업 준비와 정리에 정신이 쏙 빠질 만큼 바쁘다. 월초부터 월말까지 한주도 허투루 보낼 수 없다. 중고등부는 성적이 중요하지만, 초등부는 그렇지 않다. 재미있어야 계속 다닌다. 매달 행사하려면 시간, 금전적으로 부담이다. 학습 대회와 파티 위주의 행사를 번갈아 구성한다.

7월 : 특별 수업 정착

새로 시도한 수업에 대한 반응이 좋았다. 부가 자료 준비가 번거로웠지만, 학생들이 즐거워하니 힘이 난다. 어휘, 듣기, 읽기 위주의 학습에서 한 걸음 더 나아간다. 쉬운 주제부터 말하기를 연습한다. 좋아하는 음식, 싫어하는 음식, 계절별 여가 활동, 나의 좋은 습관 등…. 생활에 밀접한 주제로 진행한다. 학생 자신의 일상을 이야기하며 즐거워한다. 매주 금요일에 'Speaking Day' 주간 특별 수업을 편성한다.

8월 : 스피치 대회, 방학 특강

방학에는 휴회 학생이 생기기 쉽다. 8월, 초등생이 많다면 스피치 대회로 지루해하기 쉬운 아이들의 마음을 다잡는다. 선의의 경생을 하면서 실력도 끌어올리고 영어에 대한 흥미도 유지한다. 알아서 준비하라고 하면 스스로 하는 학생이 몇이나 될까? 주세와 대본을 함께 정한다. 정기적으로 준비 상황을 확인한다. 대회를 앞두고 3회 정도 리허설한다. 개별 보완해야 할 부분을 알려주고 실전처럼 녹화도 한다. 카메라가 있고 없고는 아주 큰 차이다. 실전 같은 분위기를 위해 배경, 주변 소음도 신경 쓴다. 대회를 통해 학생의 영어 자신감을 끌어올린다. 녹화 영상과 사진은 학원 홍보자료로 활용한다. 단, 학생이 나오는 영상과 사진은 반드시 사전에 서면으로 학부모 동의를 받는다.

Starter (1분 내외)	교재 내 Song / Chant / Story 중 택1 댄스도 추가되면 가산점
Beginner (2분 내외)	교재 내 Story / Dialog 중 택1 친구와 함께 참여 가능
Intermediate (2분 내외)	Change the Story: 교재 내 Story 중 하나의 결과를 바꾸어 말하기 Explain to my friend: 교재 내 Story 중 하나를 친구에게 설명하듯이 말하기
Advanced (3분 내외)	주제 발표: 나의 여름방학 / 한국의 명절 중 택1 내가 문법 선생님: be동사 / 일반동사 / 단순시제 / 진행시제 중 택1 한국어로 설명 가능

중등부 비중이 크다면? 방학 특강을 진행한다. 휴가를 고려해 약 1~2주 단위가 좋다. 어휘/독해/문법 8~10회 특강이다. 학생 수준에 맞추어 얇은 책 한 권, 워크북을 빠르게 마무리 짓는다.

9월 : 개학 이벤트 및 중간고사 대비

2학기 시작이다. 8월 말 즈음 2학기 개강 이벤트를 한다. 학원비 할인, 교재 증정, 친구 소개 등 종류는 다양하다. 지금 원생이 충분하더라도 미리 신입생을 확보해 둔다. 우리 원이 활발하게 운영되고 있음을 알릴 기회이다.

중간고사가 다가온다. 9월 말 ~ 10월 초에 추석 연휴가 있으니 여유롭게 지필평가 대비를 시작한다. 중고등부가 있다면 추석 연휴로 인한 보강도 고려해 수업 일정을 짠다. 수준별로 시험 대비 방법은 다르다. 중하위권은 어휘부터 대화문, 본문부터 철저하게 암기시킨다. 다 외우더라도 내용의 흐름을 이해 못하는 경우도 있다. 한글 뜻에 맞추어 영작을 꼼꼼하게 하게끔 돕는다. 영어 문장을 보고 해석을 제대로 하는지도 확인한다. 상위권은 공부 습관이 잡혀있는 경우가 많다. 그래도 방심은 금물, 자만해서 실수하지 않도록 틀리는 문제 위주로 철저히 관리한다.

10월 : 지필평가 & 문화의 날

어느 때보다 바쁜 달이다. 중고등부 지필평가, 초등부는 아이들이 좋아하는 문화 행사가 있다. 시험 종료 파티에 대한 기대감은 월말이 다가올수록 커진다. 단순한 파티보다 Culture Day 이벤트를 열어 동서양 문화 학습을 한다. 추석, 추수감사절 등 국내외 문화를 알아보는 시간이다. 유래와 역사를 흥미로운 ppt 자료와 함께 보여주고, 간단한 만들기 활동을 한다. 퀴즈를 풀거나 액티비티를 진행해도 좋다. 행사 당일 혼란스럽지 않게 자료, 물품, 간식을 미리 준비한다. 게임을 할 때는 클래스별로 난이도를 조절한다. 50분 수업 시간 기준으로 행사를 구성하면 다음과 같다.

시간 배분	활동	세부사항
10분	각 문화 소개	추석, 추수감사절 등 한국과 외국의 문화와 역사 소개 + 활동지
20분	만들기/게임	레벨별 난이도 조절이 필요함
10분	기념 촬영	만들기 활동 결과물, 활동지와 함께 사진 촬영
10분	퀴즈, 선물	배운 내용을 퀴즈로 만들어 문제를 풀고 맞추는 친구에게 선물 증정.

11월 : 단어 골든벨 및 기말고사 대비

8월에 스피치 대회를 했다면, 11월에는 단어 골든벨을 진행한다. 중고등부는 2학기 내내 시험이라 월마다 행사를 챙기기 쉽지 않다. 매뉴얼을 마련해두고 그대로 실행한다. 초등부는 아이들이 좋아하는 상품을 걸어두고 행사 공지를 하면 반응이 뜨겁다. 학생 전원이 참가하도록 기초부터 심화 단어까지 골고루 출제한다. 단어 책으로 범위를 설정해도 좋지만, 원에서 100~300개의 단어를 추려 자료를 만든다. '단어 골든벨 울리고 상품 받자'와 같은 제목으로 인쇄해준다. 채점 기준도 처음부터 명확하게 제시한다. 나누어준 자료에 나온 뜻, 품사 올바르게 쓰기 등의 규칙이 필요하다.

12월 : 연말 이벤트 & 시상식

드디어 한 해의 마지막 달이다. 올해를 잘 마무리하고 새해를 맞이할 수 있도록 12월은 더 특별하게 보낸다. 연말까지 이어지는 중고등부 시험을 위해 긴장을 늦출 수 없다. 시험이 끝나면 모든 학생과 함께 즐길 수 있는 자리를 마련한다. 다른 이벤트와는 조금 다르다. 편안한 분위기에서 맛있는 것을 먹고, 좋은 기억을 떠올리는 것에 중점을 둔다. 한해를 돌아보며 인상 깊었던 일과 새해 소망을 적어 크리스마스트리를 꾸민다. 연말 파티의 꽃, 시상식도 빼놓을 수 없다. 성적 우수상은 물론, 출석 및 과제 우수상, 다독상 등으로 많은 학생들이 함께 기뻐하는 자리를 만든다. 상장을 못 받은 학생들도 선물은 풍성하게 받아 가도록 준비한다.

17. 운영 시스템 TOP 5

    14년간 영어교육을 했다. 개원 전 학원 관련 서적을 읽고 유튜브를 참고한 것도 운영에 도움 되었다. 하지만 모두가 좋다는 지침도 적용하는데 무리가 있을 수 있다. 지역 특색과 주 고객, 그리고 원장의 교육철학과 잘 맞아야 한다. 글과 영상으로 접한 이론에 그동안의 경험이 더해져 우리 원에 적합한 시스템을 갖추는 것이 가장 좋다. 창업 후 지금까지 지속하는 시스템 다섯 가지가 있다.

출결

    강사일 때부터 쭉 사용했던 엑셀 출석부 양식을 활용한다. 본사에서 제공하는 자동 출결 시스템은 프로그램에 접속해야만 출석 확인이 된다. 주간 특별 수업이 있거나 이벤트로 인해 로그인하지 않을 때는 결석 처리가 될 수 있다. 귀찮더라도 일과를 마무리하며 출석부에 O/X$^{(사유)}$를 기록한다. 어학원 근무하며 학원용 출결 프로그램을 활용했다. 하지만 학생 한 명 한 명 가르치랴 학부모 상담하랴, 출결 웹사이트 접속해서 반별로 기록하는 것이 상당한 시간이 들었다. 현재는 1인 운영 시스템이라 엑셀 출석부로 충분하다. 추후 학생이 50명 이상, 강사 고용에 따른 전체적인 흐름 파악이 필요하다면 프로그램 활용을 고려하겠다.

과제

학생 수준, 배정된 반, 활용하는 교재에 따라 모두 다르다. 초등부 공통 과제는 '녹음'이다. 절대 놓쳐서는 안 된다. 영어는 언어이기에 시작부터 끝까지 소리 내 읽을 수 있도록 지도한다. 특히 기본기가 없을수록 더 강조한다. 매시간 배웠던 지문을 가성에서 한 번 더 노트에 쓰고 소리 내 연습, 녹음하는 과제를 낸다. 성실히 하는 학생은 실력 향상 속도가 예상을 뛰어넘는다. 한 달만 열심히 해도 발음은 물론 어휘력도 큰 폭으로 성장한다.

중고등부는 내신 대비 및 수행평가 위주의 순환을 한다. 어휘,

	공통 과제	영어 원서 읽고 녹음	단어 암기	영문법 풀이	독해 지문 읽고 풀이
Phonics (첫 시작 반)	매시간 배웠던 텍스트 직접 소리 내어 연습하고 녹음하기, 선생님 카톡으로 발송	○			
Basic (초등 3~4 과정)			○		
Intermediate (초등 5~6 과정)			○	○	
Advanced 예비 중			○	○	○

독해, 문법, 내신 과제가 주이다. 기초 학력이 부족한 학생은 추가로 '리스닝 스크립트'를 통한 과제가 있다. 원에서 듣기 훈련, 오답확인만 하고 끝내지 않는다. 해당 문제의 모르는 단어, 표현을 모두 찾아 표시하도록 한다. 뜻을 찾고 vocabulary note에 기록, 텍스트 전체를 해석하고 녹음한다. 시간이 걸리는 작업이라 학생은 좋아하지 않는다. 하지만 성실하게 3개월 이상 훈련하면 기초 없는 학생도 중등 과정을 따라올 만큼 기본기가 다져진다.

교육비 관리

개원 전부터 미납 괴담을 수없이 접했다. 강사였을 때도 종종 학생의 미납 소식이 들려오곤 했다. 그때야 미납 수강생이 몇 있어도 내 월급에는 지장이 없으니 크게 와닿지 않았다. 하지만 이제는 다르지 않은가? 그것은 곧 생계가 달린 월급이 안 들어오는 것과 같다. 철저하게 신경 써야 한다.

교육비 미납 방지 시스템

1) 입학 상담 후 등원이 결정되면, 교육비 선납 날짜에 대해 언급한다.

2) 입회 원서에 정확한 날짜와 납부 방법을 기재해 착오 없도록 안내한다.

3) 계좌이체, 카드 결제, 지역화폐, 원격 결제 등이 모두 가능하게 한다.

4) 교육비 납부 안내는 매월 말 발송되는 소식지를 활용한다.

5) 다음 달 수업 일정을 공지하면서 수강료 납부 안내를 기록해 한 번 더 확인시킨다.

뉴스레터

교육비 납부에 차질이 없도록 알림을 주기 위한 목적도 있다. 하지만, 원비 납부 알림 문자만 보내는 것 vs. 수업 일정과 원에서 무엇을 하는지 함께 보여주는 것, 무엇이 더 효과적일까?

뉴스레터는 매달 마지막 주(원비 결제 주간) 직전 발송한다. 예를 들어 8월 세 번째 주가 마무리될 때쯤 9월 소식지를 발송하는 방식이다. 분량은 A4 용지 앞, 뒷면을 꽉 채운다. 원의 다음 달 수업 일정, 주간/월간 평가의 날, 스페셜 클래스 및 행사 이야기로 앞 장을 구성한다. 뒷장에는 교육부에서 내려오는 다양한 소식과 관련 정보 및 특강 일정을 싣는다.

학부모가 꼼꼼하게 읽고 안 읽고를 떠나서 원에서 어떤 방향성을 가지고 교육하는지 알리는 것은 중요하다. 이 자료를 블로그와 인스타그램에도 올릴 수 있다. 처음에는 시간이 걸리지만 양식을 만들어두면 일 년 내내 활용한다.

보충 수업

말도 많고 탈도 많은 보충 수업. 보강의 개념과 기준을 정확하게 정할 필요가 있다. 강사로 있을 때부터 '보강 귀신'을 많이 봐왔다. 원장도 나도 일부 학생, 학부모의 말도 안 되는 보강 요구로 골머리를 앓았다. 학원 수업을 개인과외처럼 활용하려는 사람이 있다. 그럴 경우 본 수업에 차질이 생길 뿐 아니라, 운영하며 받는 스트레스가 커진다. 입회가 결정되면 안내문에 보충 수업 규정도 포함해서 전달한다.

보충 수업 규정 예시

1) 현재 우리 원은 주 5일, 4주 단위 월 20회 수업을 제공합니다.

2) 월 20회 초과 수업은 공휴일, 학원 휴강으로 수업 일수가 모자라는 달 보강
에 해당합니다. (11월 평일 수업 일수 22일 = 월 20회 + 초과 2회. 초과 2회
는 추후 공휴일 및 휴강 대체)

3) 학생 개인 사정(생일 파티, 친목 모임, 다른 학원 보강 및 파티 참석, 수업 시
간이 지났는데 갑자기 아파서 못 온다고 하는 경우)에 따른 지각/결석은 보
충 수업 진행하지 않습니다.

4) 불가피한 가정사(친족의 애사와 경사)와 학생 병결의 경우, 학부모님의 사
전 연락이 있으면 보충 수업을 진행합니다. (기존 수업 시간의 50%)

5) 정해진 보충 수업 날짜와 시간에 학생이 불참하는 경우, 보강을 다시 하지
않습니다.

18. 나의 꿈 나의 공부방

배우는 것을 좋아한다. 영어라면 더더욱.

"To learn a language is to have one more window from which to look at the world."

언어를 배우면 세상을 바라보는 눈을 하나 더 갖게 된다. 시험을 위해 공부할 때는 몰랐다. 성인이 되어 세상에 나오니 새롭다. 브랜드, 제품에도 외국어를 상표로 쓴다. Tous les Jours, 우리 동네에도 있는 빵집 뚜레쥬르. 프랑스어로 매일매일이라는 뜻이다. 매일 갈 만큼 맛있는 빵을 굽는 곳, 일상과 함께하는 제과점 이미지가 떠오른다. 생활 속 언어의 재발견이다. 상표만 보아도 숨은

뜻을 발견하면 입가에 미소가 번진다.

가장 잘할 수 있는 영어교육, 앞으로 더욱 개발하고 싶다. 영어를 도구로 더욱 풍성한 삶을 누릴 수 있도록. 다양한 교육을 남녀노소 누구나 즐길 수 있도록. 내가 먼저 플랫폼이 되고 싶다. 보다 나은 영어교육에 힘을 더하고 싶다. 이 가치에 맞는 작은 커뮤니티를 시작하는 것이 오늘 내가 할 일이다. 공부하고 직접 해보기, 그리고 성장하는 것이 나의 사명이다.

미션 : 나의 경험과 노력으로 더 많은 이들이 영어를 즐겁게 공부할 기회를 주자.

비전 : 씨앗 학생들과 함께 학원으로 확장하고, 100명의 수강생 달성하기!

시작을 앞두고 불안하다면 잠시 내려놓는다. 내가 왜 이 일을 하려고 했는지 차근차근 되새긴다. 나의 미션과 사명이 무엇인지 떠올린다. 긴 여정에 길을 잃지 않기 위한 중요한 작업이다.

경험으로 문화를 꽃피우는 곳

문화의 중요성, 여러 학원을 경험하며 깨달았다. 거창하게 들리지만, 규칙과 무형의 매너 또는 분위기이다. 학원의 긴 호흡을 위해서는 필수다. 운영하며 흔들리더라도 수준 높은 문화가 있다면 지속할 수 있다.

'경험'으로 깊어지고 새로워지는 시공간. 수업을 통해 '기준의 상향 평준화'가 이루어지는 곳. 꿈꾸는 학원의 모습이다. 내가 먼저 힘쓰면, 보고 배우는 학생과 선생님도 하나둘 많아지는 곳. 시작은 혼자 모든 것을 해야 하니, 작은 것부터 만들고 지킨다. 일상에서 배움과 적용의 기쁨을 느끼도록 돕는다. '문화'라는 말이 익숙해지도록, 매일 루틴에 하나씩 소소한 기쁨으로 배치한다.

초조함이 몰려올 때, 잠시 멈추어 내가 꿈꾸는 학원을 그린다. 지금 할 수 있는 것부터 하나씩 한다. 스피킹에 강한 학원을 만들고 싶다면, 오늘 영어 표현 하나 더 인쇄해서 벽에 붙인다. 아이들과 연습한다. 일상에서 경험하고 아름다운 결과를 꽃피우도록 오늘 작은 씨앗 하나를 뿌린다.

저세상에서도 학원인이고 싶은 이유

꼬마였던 제자의 대학 합격 소식, 안부 인사를 받을 때면 더없이 기쁘다. 잘 가르쳐 주어서 감사하다는 인사를 덧붙이면 황송하면서도 뿌듯하다. 잘 자라주어 고마운데 그 과정을 함께 했다는 것은 더욱 기적 같은 일이다. '김영어 선생님'이 그랬듯이, 그들에게 내가 '영어쌤'으로 남을 수 있어 참 행복하다.

이제 긴 호흡으로 미래를 바라본다. 원장으로 선 이 순간, 오래도록 학생들과 행복한 기억을 쌓을 것을 약속한다. 나무가 잘 자라서 열매를 맺기까지 토양, 공기, 물, 온도, 영양 균형을 잘 맞춰줘야 한다. 생명의 필수 조건이다. 나에게 영어 생명을 맡긴 아이가 좋은 환경에서 학습할 수 있기를. 양질의 교육을 받고 잘 성장하기를. 좌충우돌 실수도, 때때로 상처받는 일도 있겠지만 한걸음 더 내디딜 힘을 낼 것이다. 실행하고 더 좋은 방향으로 수정하는 필살기를 살려서! '문화가 꽃피는 영어 공부방'을 만들어간다.

제3부 미쉘 편

이제 내 학원 할게요!

프롤로그

'학원 한번 차려볼까? 멋있게 내 이름 넣어서 미쉘 어학원으로 하는 거야. 대박 나겠는걸!'

초보 강사 시절, 근거 없는 자신감에 가득 차 있었습니다.

'강사 경험만 있으니, 교수부장으로 몇 년 일해보자. 그리고 내 학원을 시작하자.'

교수부장으로 일하며 생각했습니다.

'원장 경험도 해봐야지. 그 후에 개원해도 늦지 않아.'

'하면 할수록 학원 운영 쉽지 않네. 신경 쓸 게 참 많다. 개원 생각할 마음의 여유가 없어.'

월급 원장으로 오랫동안 학원 운영에 몰두했습니다.

'이제는 개원하자. 오랫동안 한 분야에서 칼을 갈았는데, 써봐야지. 내 스타일로 무라도 썰어보자!'
결심까지 참 오래 걸렸습니다.

가르치는 일에 관심 있는 예비 강사
원장을 꿈꾸는 강사, 교수부장, 상담 실장 등 학원 업계 종사자
월급 원장으로 일하며 개원을 고려하는 원장
학원을 운영 중인 원장
막막한 예비 창업자
학원 운영이 궁금한 호기심 많은 독자
모두 환영합니다.

저의 이야기는 이렇게 구성되어 있습니다.
1~2번 : 영어와 영어교육에 빠지게 된 과정
3~7번 : 강사, 교수부장, 월급 원장으로 일하며 겪은 에피소드
8~15번 : 월급 원장의 학원 운영 노하우
16~17번 : 개원하기 위해 퇴사한 이야기가 담겨 있습니다.

그럼, 19년째 아직도 개원 못 한 월급 원장 이야기 시작합니다!

1. 외국어는 안경

아서 비나드가 쓴 그림책 《외국어는 안경》을 읽었다. 주인공은 안경 가게 체험 행사에서 우연히 '영어 안경'을 봤다. 호기심 가득한 모습으로 안경을 집은 주인공에게 가게 주인이 말했다.

"이 영어 안경은 엄청 재미있단다. 영어 렌즈가 끼워져 있어 세계가 잉글리시로 보이거든."

주인공은 안경을 쓰고 주변을 둘러보았다. 익숙한 풍경이 영어로 펼쳐졌다. 세상이 완전히 다르게 보였다. 잠시 후 주인은 말했다.

"다음 주에 페르시아어 안경이 새로 들어올 거야. 또 체험하러 오너라."

작가의 모국어는 영어인데, 일본 이주 후 '일본어 안경'을 새롭게 얻게 된다. 덕분에 세계관이 풍요로워졌다. 우리는 세상을 있는 그대로 본다고 생각한다. 그러나 사실 언어라는 틀 안에서 본다. 언어란 의사소통의 도구이자 동시에 세상을 보는 렌즈다.

나는 시력이 나쁘지만, 크게 불편하지 않다. 하지만 언어는 달랐다. 세계적인 철학자 비트겐슈타인의 '언어의 한계가 곧 내가 아는 세상의 한계'라는 말처럼, 답답했다. 나만의 영어 안경이 절실했다. 한국어와 영어 안경을 자유롭게 바꿔 쓰고 싶었다. 다양한 사람을 만나고 기회를 얻길 원했다. 부모님의 반대에도, 휴학하고 캐나다로 떠났다.

도착한 지 얼마 되지 않았을 때였다. 쇼핑몰에서 운동화값을 계산하려는데, 내 또래 여자가 말을 걸었다. 드디어 '캐나다인 친구가 생기는 걸까?' 잠시 설렜다. 그러나 속사포처럼 내뱉는 말은 도무지 알아듣기 어려웠다. 어쩔 수 없이 되물었다.

그녀는 세일 안내문을 가리켰다. 큼지막하게 '두 켤레 사면, 한 켤레 50% 할인'이라고 쓰여 있었다. 같이 계산해서 할인받자고 했다. 잠시 후 영수증을 확인하고 당황했다. 아무리 봐도 할인된 금액은 없었다. 나는 정가를 다 계산했고, 여자의 신발만 50% 할

인되어 있었다. 짧은 영어로 버벅거리면서 영수증을 가리키며 설명했다. 여자는 못 알아듣겠다는 말과 제스처만을 남긴 채 총총히 사라졌다.

그날 밤, 침대에서 이불킥을 날리며 결심했다. 영어라는 언어에 나를 푹 담가 모두 흡수하고, 거대한 스펀지가 되어 모든 영어를 다 빨아들이겠다고 말이다. 억울한 상황에서 내 의견을 영어로 명확하게 표현하고 싶었다. 자는 시간도 아까웠다. 조금이라도 영어 습득에 도움이 되길 바라며 영어 파일을 들으면서 잤다. 이어폰을 끼고 잤던 모습을 생각하면, 피식 웃음이 터져 나온다. 온전히 영어에 몰입하며 행복했던 기억은 아직도 생생하다.

TESOL 우연 혹은 필연?

캐나다에서 ESL(English as a Second Language) 수업을 들었다. 학생이 돌아가며 선생님이 되어 배운 내용을 설명했다. '학습 피라미드'에 따르면 수업만 들으면 5%를 기억한다 하지만 남에게 말로 설명하면 90%를 기억한다. 직접 가르치는 학습법의 효과는 물론 지식을 전달하는 즐거움도 느꼈다. 한국으로 돌아오기 전, 비즈니스 영어 수업을 들었다. 몇 번 수업 후, 강사의 교통사고로 한 달간 휴강했다. 수료증을 받으려면 어쩔 수 없이 귀국하는 날을 미뤄야

했다. 그러나 출국 날짜를 변경할 수 없었다. 복학해야 했다. 학교에서는 다른 수업을 권했다.

그렇게 TESOL(Teaching English as a Second Language)을 만났다. 특별히 관심 없던 분야였다. 상황이 원망스러웠다. 돈도, 시간도 모두 버리는 것만 같았다. 하지만 누가 알았겠는가? 울며 겨자 먹기로 시작한 TESOL이 큰 보물이 되어주었다는 사실 말이다. 이론이 끝나고 실습으로 다양한 국적의 학생에게 ESL 수업을 가르쳤다. 2005년 밴쿠버의 여름날, 시간 가는 줄 모르고 재미있게 수업했다.

지금도 그때를 떠올리면 가슴이 두근거린다. 만일, 휴강되지 않았다면 지금쯤 전혀 다른 모습으로, 다른 분야에 종사하고 있을지 모른다. 이런 말이 있다. '모든 일에는 다 이유가 있다(Everything happens for a reason).' 돌이켜 생각해 보면 참으로 다행이다.

나이를 먹으며 인생은 내 마음대로 되지 않는다는 말이 무게감 있게 다가온다. 내 마음대로 되어가는 듯하다가, 예상치 못한 일을 던져준다. 힘든 날이면, 우연히 TESOL을 듣고 영어 교육에서 천직을 찾은 일을 떠올리며 마음을 다잡는다.

'모든 일이 내 뜻대로만 된다면 인생이 재미있을까? 뜻대로 되지 않는 모든 일은 하늘이 주는 새로운 기회다!'

우연히 발견한 '영어와 교육'은 내 인생의 방향을 바꿨다. 그 과정에서 몰두한 시간은 끈기와 노력이면 어떤 일이든 이룰 수 있다는 교훈을 주었다.

2. 중계동 작은 학원 vs. 대치동 대형 학원

귀국 후, 외국계 회사 인턴으로 근무했다. 과정이 끝날 무렵 회사는 정규직을 제안했다. 하지만 일이 적성에 안 맞았다. 매일 수십 개의 영어 이메일에 회신하며 시계만 쳐다봤다.

'시간이 왜 이렇게 안 가지. 퇴근까지 세 시간이나 남았네.'

'한 번 사는 인생 가슴 뛰는 일을 하고 싶어!'

순간, 영어를 가르치며 즐거웠던 시간이 생각났다. 좋아하는 일을 하며 살고 싶었다. 고민 끝에 선언했다.

"하고 싶은 일을 찾았어. 영어 강사가 될 거야!"

집 근처 학원 구인 광고를 보고 덜컥 이력서를 냈다. 시강과 면접 후 바로 일을 시작했다. 첫 학원은 작았다. 하지만 학생은 초1

부터 고3까지 다양했다. 영어로 진행되는 초등 수업, 중등 문법, 독해, 내신, 고등 수능 수업을 맡았다. 원장 지인 소개로 국가대표 선수 영어 과외까지 했다. 초등과 중등만 비교해도 교육 목표와 교습법이 다르다. 초보 강사였기에, 다양한 연령대와 레벨에 맞춰 수업하기 어려웠다. 그러나 이러한 경험이 유익했다. 초등, 중등, 고등 시절 어떻게 공부해야 활용 영어와 시험 영어에서 성과를 내는지 배웠다. 초등부터 대학 입시까지 상담하며, 학업 로드맵을 그려줄 수 있었다.

"대형 학원에서 일하는 게 좋을까요? 물고기도 큰물에서 놀아야 한다면서요?"

강사 커뮤니티에 수도 없이 올라오는 단골 질문이다. 똑같은 고민을 했다. 큰 학원을 경험해 보고 싶었다. 현재 주식 상장된 모 대형 어학원이 눈에 들어왔다. 대학원 입학 전, 강사 1년 차에 지원했던 학원이다. 당시에는 석사 이상만 채용했고, 서류 전형에서 탈락했었다. 대학원 졸업 후, 다시 지원했다. 면접을 보았다. 초등 대상 원어 수업과 중등 대상 문법 시강도 했다. 집에 가는 길에 전화가 왔다.

"언제부터 출근할 수 있으세요? 본사 교육은 1주일 뒤 시작합니다."

2주 동안 대치동 본사에서 강도 높은 교육을 받았다. 레벨별 특징, 교재 구성과 관리 시스템을 달달 암기해 시험을 보았다. 파닉스부터 최상위 레벨까지 시강 후 날카로운 평가도 받았다. 교육을 통과 못 하면 채용이 취소된다고 했다. 하루 종일 교육을 듣고, 다음 날 시험과 시강 준비로 잠을 못 잤다. 탈모가 올 것 같다는 농담을 할 정도로 힘들었다. 하지만 대형 학원 시스템을 배웠다. 서울, 대전, 제주도의 어느 분원에 가도 같은 수업과 관리 퀄리티를 유지하기 위해서는 매뉴얼이 중요하다.

외식업의 대가 백종원 대표도 예비 창업자에게 이렇게 조언한다. "창업 전에는 반드시 장사가 안 되는 식당에서도 일해보고, 또 잘 되는 곳에서도 일해보아야 한다." 개원을 목표로 한다면 운영이 잘되는 큰 학원에서 일해보는 게 좋다. 시행착오를 최소화할 수 있다. 이름이 알려진 학원 경력은 신뢰성과 전문성도 더해준다.

대학원에 가면 영어를 더 잘 가르칠 수 있을까요?

대학원에 진학해 영어 교육학을 공부하고 싶었다. 전공자가 아니라는 자격지심이 있었다. 실전보다 이론이 부족했다. 또, 경력에 도움이 될 거라는 계산도 있었다. 큰 결심을 하고 대학원에 지원했다. 며칠 동안 영어 면접 예상 질문과 대답을 연습했다.

"대학원에 왜 지원했나요?" 면접관이 물었다.

"영어를 잘 가르치고 싶어서요."

면접관은 "석사학위가 더 좋은 선생님으로 만들어 주지 않아요. 그게 목적이라면 잘못 오신 겁니다."라고 답했다.

날카로운 대답을 듣자, '합격은 물 건너갔나?' 초조해졌다.

"더 좋은 선생님이 되기 위해 공부하겠다는 자세를 보니 이미 좋은 선생님이시네요."

면접관은 이렇게 뜻밖의 반전을 주었다. 아직도 내 가슴에 선명히 남아있다.

"대학원에 가는 게 좋을까요?"

답은 항상 'YES!'다. 물론, 몇 년의 시간과 학비라는 큰 기회비용이 든다. 2년 동안 전임 강사로 일하며 공부하기가 쉽지 않았다. 하지만 영어 강사로서, 또 인간으로서도 밀도있게 성장했다. 우리는 초고속 노령화 나라에 살고 있다. 선배 세대보다 강사 생활을 오랫동안 하게 될 것이다. 배워서 남 주는 우리는 평생 배워야 한다.

3. 두 명의 강사 이야기

같이 일했던 강사와 나의 경험을 녹여서 썼다. 어떤 강사의 이야기에 더 공감되는가?

A 강사 이야기

아침 9시 40분경, 여느 때처럼 짠하고 눈이 떠졌다. 나는 저녁형 인간이다. 학생 때, 공부보다 일찍 등교하는 게 더 힘들었다. 시끄러운 알람 소리에 일어나면 아침 내내 기분이 안 좋다. 강사 일을 시작하고는 원하는 시간에 기분 좋게 일어나 하루를 시작한다. 회사 다닐 때는 반복 업무와 사내 정치로 힘들었다. 학생과 함께

하는 것은 재미있다. 매일 순수함에 웃게 된다. 신조어도 가르쳐 준다. 최근에 "어쩔티비" 했더니 "선생님, 요즘 그런 말 안 써요." 라며 유행어를 알려주었다.

가끔 이래도 되나 싶다. 학원에서 영어 실력이 제일 향상된 사람은 학생이 아니고 나다. 매일 수업 준비하고 가르치다 보니 그랬다. 앞으로는 강의력 향상에 집중해야겠다.

수업은 마치 내가 지휘하는 무대 같다. 학생이 눈을 반짝이며 이해할 때, 보람 있다. 수업이 짧게 느껴진다. 몰두하다 보면 퇴근 시간이다. 회사에서는 시간이 안 가서 걱정이었는데, 지금은 정반대다.

경력이 짧아 아직은 월급이 적다. 회사원이 더 안정적일까? 전에 다녔던 회사는 매년 경기가 좋지 않다며 급여를 동결했다. 학원은 비율제로 능력대로 월급을 받는다. 선배 강사는 몇 년 만에 월급이 두 배가 됐다. 퇴사한 강사도 개원해서 학원을 잘 운영한다. 교습소나 공부방을 하는 선배도 있다. 이러한 모습이 큰 동기 부여가 된다. 하지만 무엇보다도, 학생과 함께 성장하는 보람이 제일 큰 보상이다.

B 강사 이야기

"대기업 원서 다시 넣어봐. 아니면 공무원 시험 준비하는 게 어떠니? 아까워서 그래."

부모님은 학원 강사를 불안정한 직업이라고 한다. 공무원 시험 공부 하라며 몇 년째 커피콩처럼 들들 볶는다. 학생 한 명에 학부모, 조부모, 조카 바보 이모나 삼촌까지 줄줄이 굴비처럼 따라온다. 열정은 식어가고 몸과 마음은 지쳐간다. 출근 생각하면 머리가 아프다. 요즘 학생은 사회성과 집중력도 부족하다. 유리 멘탈이 많아 예전처럼 따끔하게 혼내지도 못한다.

하루는 계속 숙제를 안 해오는 주호를 혼냈다. 다음날 학부모에게 전화가 왔다.

"주호가 크게 상처받았다고 해요. 학원 그만 보낼게요."

지난 전화 상담 때 엄마 말을 영 안 듣는다고 했다. 안 하면 학원에서 따끔하게 혼내달라고 부탁했었다. 도대체 어느 장단에 맞추어 춤을 춰야 할까? 우리 학원에 오기 전 내신 60점을 맞았던 민지가 백 점을 받았다. 힘들었던 내신 대비는 잊고 기쁨을 만끽했다. 들뜬 마음으로 학부모에게 전화했다.

"민지가 이번에 백 점 받았네요. 열심히 노력했어요. 칭찬 많이 해주세요."

"감사해요. 그런데요. 아이가 혼자서 하고 싶다고 하네요."

"갑자기 왜요?"

"점수가 잘 나와서 감사한데 영어 공부하는 법을 알겠다고, 혼자서 할 수 있다고 우기네요. 한번 기회를 주려고요. 기말에 점수 안 나오면 다시 보낼게요."

평일에는 늦은 퇴근으로 친구 만나기도 힘들다. 다음 달에 겨우 일정을 맞췄다. 학교 기말고사 일정이 나왔다. 이럴 수가! 큰일이다. 영어 시험이 월요일이다. 주말 직전 보강으로 약속을 취소해야 한다. 오랜만의 만남인데, 속상하다. 저녁까지 연속으로 강의가 있다. 쉬는 시간에 급하게 빵을 먹거나, 퇴근 후에 배달 음식으로 폭식한다. 불규칙한 식사와 스트레스로 속이 안 좋다. 위내시경을 받아봐야겠다. 옆자리 강사가 임신했다. 기쁨도 잠시, 일을 그만둬야 하나 걱정했다. 출근 시간이 어린이집 하원 시간이다. 초등학교를 보내도 걱정이다. 저학년은 더 일찍 끝난다. 퇴근하면 아이는 잘 시간이다. 아이를 키우며 강사로 일하기는 불가능한가? 미래가 걱정된다. 엄마 말대로 공무원 시험을 준비할 걸 그랬나?

강사 경험이 있다면, 두 사람의 이야기에 공감할 것이다. 저녁형 강사에게는 늦은 출근이 장점이지만, 아이가 있는 강사에게는 단점이다. 학원을 운영하며, 강사의 입장과 마음을 헤아리려는 노력이 필요하다. 완벽한 직장이나 직업은 없다. 원장과 강사가 서로의 상황을 이해하고 맞추어 나가야 한다.

4. 일잘러 강사의 공통점

학생은 공부를 잘하길 원한다. 공부를 싫어하는 학생은 있어도, 못하고 싶은 학생은 없다. 학원 강사도 마찬가지다. 일 잘하는 직원으로 인정받길 원한다. 원장 맘에 쏙 들게 일 잘하는 강사의 공통점을 정리했다.

첫째, 일의 결과를 먼저 보고한다.

"올리비아 선생님, 다음 주에 민서가 수련회로 결석해요. 보충 잡아주세요."

"제시카 선생님, 요즘 재원이가 결석이 잦네요. 내일 전화 상담 좀 부탁드려요."

원장은 학생, 학부모, 강사 관리, 교육비, 레벨테스트, 홍보, 세금 등 신경 쓸 일이 많다. 일일이 찾아다니며 처리 결과를 물어보기 전에 먼저 보고한다.

"원장님, 민서 수련회 결석으로 금요일 수업 전 한 타임 보충 잡았습니다. 차량 기사님께 연락하도록 상담 실장님께도 전달했습니다."

"재원이 미국 사촌 방문으로 결석이 잦았다고 하네요. 공부 리듬이 깨질 수 있으니 되도록 결석하지 말자고 했어요."

결과를 두괄식으로 간략하게 보고한다. 카카오톡으로 해도 좋다. 빠른 보고로 더 이상 그 일에 신경 쓰지 않게 하는 강사와 쉬는 시간에 쫓아다니며 물어봐야 하는 강사가 있다. 원장이라면 재계약 때 어떤 강사의 월급을 더 올려주고 싶겠는가?

둘째, 책상과 교실을 깨끗하게 정리한다.

교무실 개인 책상과 교실을 깨끗이 한다. 책상마다 강사의 특성이 드러난다. 전 학기 교재, 시험지와 테이크아웃 커피 컵이 쌓여 있는 책상과 딱 필요한 물건만 나와 있는 정돈된 책상의 강사 중 누가 더 일을 잘하겠는가?

수많은 강사와 일해 본 경험으로는 책상이 깨끗한 강사가 일도 잘했다. 얼마나 깨끗한지 안 본다고? 아니다. 원장은 다 보고 있다. 책상과 교실은 나라는 사람의 연장선이다. 매일 주변 정리하는 습관이 필요하다.

셋째, 나의 단점을 이야기하지 않는다.

"원장님, 저는 성격이 평범하지 않아요. 학생들 사이에 호불호가 갈려요."

출근한 지 며칠 안 된 강사의 말에 당황했다. 사람을 잘 못 본 건지 걱정이 밀려왔다.

"교수부장으로 일하는 것은 처음이에요. 강사 경력도 짧아요."

첫인사 자리에서 이렇게 말할 필요가 있을까? 말하지 않았다면 다른 강사도 물어보지 않았을 것이다. 기쁨을 나누면 질투가 되고, 슬픔을 나누면 약점이 된다. 단점을 먼저 떠벌리지 않는다. 겸손과 착각하면 안 된다. 대신 장점과 능력을 강조한다.

넷째, 남의 단점도 말하지 않는다.

"원장님은 왜 그러는 거지? 아 진짜 이직할까? 문법 담당 선생님만 편애하고…."

"새로 온 선생님 좀 봐. 수업 준비는 하는 둥 마는 둥 화장만 고치고 있어."

"제니쌤이 전 남자친구한테 보증을 서줬대. 헤어지고 지금까지

그 빚을 갚고 있대."

어느 직장에서나 뒷이야기를 한다. 불만을 나누면 스트레스도 풀리고, 동료 관계도 돈독해지는 듯하다. 다른 사람을 끌어내리면 내가 올라간 기분이다. 하지만 험담은 돌고 돌아 늦게라도 상대방 귀에 들어간다.

모두와 친구가 될 필요는 없지만, 적을 만들 필요도 없다. 험담은 적을 만드는 지름길이다. 뒷담화 자리를 피하고 맞장구치지 않는다. 미운 사람이 있다면 관점을 바꿔 배울 점을 찾아본다. 수많은 사람을 만났지만, 배울 점이 없는 사람은 한 명도 없었다. 험담 대신 칭찬을 생활화한다. 칭찬은 10% 확률로, 험담은 98.888%로 상대방 귀에 들어간다.

다섯째, 인사를 잘한다.

"안녕하세요. 머리 염색하셨네요. 예뻐요."

"선생님, 안녕하세요."

원장이나 동료 강사를 만나면 먼저 인사한다. 피곤한 얼굴과 힘 없는 목소리는 피한다. 생기 넘치는 표정과 힘 있는 목소리로 한다. 학생도 한 명 한 명 이름을 불러주며 인사한다. 인싸 강사가 되려면 인사를 잘해야 한다. 그것만 잘해도 존재감이 드러난다. 적은 노력으로 짧은 시간에 호감을 얻는다.

마지막으로, 열심히 하려는 의지를 보여준다.

세 부류의 강사가 있다. 첫째로 딱 주어진 만큼의 일만 하는 강사, 둘째로 맡은 일을 끝내고 추가 업무를 자처하는 강사, 마지막으로 그 일도 다 못해내는 강사이다.

원장 역시 힘들고 외롭다. 자발적으로 아이디어와 개선점을 내는 강사에게 마음이 간다. 이런 건의를 해도 될까? 건방지게 생각하는 거 아닐까? 괜히 이야기했다가 내 일이 되면 어떻게 하지? 라는 생각은 접어놓자. 부정적으로 받아들이면, 다음에 안 하면 된다. 물론 배울 점 없는 원장과 일하는 것도 다시 생각해 보아야 한다. 좋은 원장이라면 그 강사를 다시 볼 것이다. 어떤 강사에게 더 많은 기회와 책임을 주겠는가?

5. 최상위 레벨에 넣어주세요!

예비 중2 학생이 레벨테스트를 보러 왔다. 전에 다니던 학원은 숙제가 버거워 그만뒀다고 했다.

"원장님, 중등반 제일 높은 레벨은 시간이 어떻게 돼요? 지율이가 전에 다닌 어학원에서 고등 문법까지 끝냈어요. 최상위 레벨에서 공부했고요. 4살 때부터 영어유치원에 어학원까지 정말 영어에 투자 많이 했어요."

시험 결과를 보고 당황했다. 모든 영역 점수가 낮았다. 예비 중2 반에서 가장 낮은 점수였다. 실력 발휘를 못 했다는 생각이 들었다. 과거, 현재, 미래 시제의 평서문, 부정문, 의문문 기초 영작을 시켜보았다. 제대로 쓴 문장이 없었다. 품사도 문장의 구성요소도 이해 못 했다. 독해도 마찬가지였다. 모르는 단어가 많아, 글을 정확히 이해하지 못했다.

"어머님, 지율이가 기초 문법 개념이 헷갈리나 봐요. 개념이 탄탄해야 고등 선행을 하죠. 기초를 다시 한번 훑어야겠어요. 중등 단어도 약해요. 지금은 고등보다 중등 어휘를 탄탄하게 다지고 가야겠어요. 예비 중2 기초반에서 시작하고, 잘하면 반을 옮기도록 할게요."

"그럴리가요. 전 학원에서는 제일 높은 레벨에서 공부했었다니까요? 지율이가 그러는데, 그 반에 미진이가 다닌다면서요? 미진이는 5학년부터 영어 학원 다녔어요. 우리 애는 영어 유치원부터 다녔고요. 수준 차이가 어마어마할 텐데, 황당하네요. 초등학교 때 중등 영어 끝냈어요. 몇 년째 고등 문법에 모의고사 문제 풀었고요!"

학부모는 테스트 결과를 받아들이지 못했다.

"지금은 고등 선행보다는 기초 부분을 다지는 게, 지율이에게 도움이 됩니다. 학생과 앞으로의 영어 공부 방향에 관해 진지하게 이야기 나눠보세요."

며칠 후, 학부모에게 전화했다.

"지율 어머님, 이야기 나눠보셨나요?"

"네, 지율이가 자존심 상해서 죽어도 기초반에서는 못 한다 해요. 그냥 다녔던 학원의 최상위 반에서 열심히 하겠다 하네요."

동네에서 엄마들 사이에 영어 잘하기로 소문난 지율이였다. 학부모와 학생은 자존심에 최상위 반이라는 타이틀을 끝까지 놓지 못했다.

등잔 밑이 어두운 학부모

6학년 재민이가 등록했다. 학부모에게 전화가 왔다.

"원어민 선생님 발음이 이상하다고 해요. 도대체 어느 나라 분이에요? 아무나 막 고용하세요?"

재민이 동생 학원으로 착각해서 잘못 전화했나? 정신을 간신히 붙잡고 대답했다.

"매튜 선생님은 미국 분이세요. 태어나서 쭉 자라고 거기서 대학교도 졸업했어요. 사투리 없는 표준 영어를 쓰세요. 재민이가 새로운 선생님이 낯설었나 봐요."

또 전화가 왔다.

"남자 화장실에서 키 큰 중학생 형이 때렸대요. 원생 관리를 어떻게 하는 거예요. 학교폭력으로 신고하려다가 전화하는 거예요!"

다시 머리가 멍해졌다. 화장실에는 CCTV도 없는데, 머릿속이 복잡해졌다. 재발 방지에 최선을 다하겠다며 사과했다. 출결 시스템과 CCTV를 확인했다. 검은색 옷을 입은 키가 큰 남학생은 없었다. 외부인 방문도 없었고, 중학생 반과는 시간대가 완전히 달랐다. 학부모에게 전화로 설명했다. 처음에는 아이 말을 못 믿냐며 화를 냈다. 학생과 이야기 후 다시 연락하겠다고 했다. 그 후 이 사건과 관련해 학부모가 전화하는 일은 없었다.

며칠 후 또 전화가 왔다.

"쉬는 시간에 같은 반 아이가 괴롭히나 봐요. 화장실에 못 가게 교실 문을 몸으로 막았다고 하네요. 이거 불안해서 학원 보내겠어요?"

CCTV를 확인해 보았다. 재민이가 다른 학생이 못 나가게 문을 막고 있었다. 상대 학생은 밀고 나가려다가, 힘으로 되지 않으니 이내 포기했다. 두 학생을 불러 자초지종을 확인했다. 학부모가 말한 상황과 정확히 반대였다. 어머님께 CCTV 상황을 설명했다. 학부모는 아이의 말만 들었다.

"우리 아이가 친구를 괴롭힐 리가 없어요. 그 학생이 먼저 시작한 겁니다."

담당 강사, 학원 차량 기사, 상담 실장 모두 반대로 말했다.

"원장님, 재민이가 먼저 시비를 걸어요. 하지 말라고 해도, 말을 안 들어요."

학부모는 귀를 막았다. 학원과 다른 학생만 탓했다. 학원에 오기 싫어 이런저런 거짓말을 한 재민이는 몇 달 지나지 않아서 퇴원했다. 섭섭하기보다는 시원했다.

부모와 자식은 너무 가까워서 서로를 객관적으로 바라보기 어렵다. 가정 밖에서 학생을 만나는 강사나 원장의 말도 귀담아들어야 한다. 학생을 제대로 이해해야 효과적으로 지도할 수 있다. 학생의 학력 증진과 올바른 성장을 위해서는 학원, 학생, 학부모가 협력하여 삼각형의 균형을 맞춰야 한다. 우리 모두 같은 목표를 가진 하나의 팀이다. 이를 강조하고자 학원 안내문 첫 장에 넣었다.

1. 영어 실력 향성을 위한 학생, 선생님, 부모님의 역할

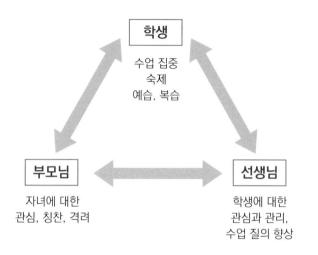

아무리 좋은 교육 프로그램도 교사의 전문성, 학부모의 관심 그리고 학생 스스로 공부에 대한 책임감이 부족하면 큰 효과를 볼 수 없습니다. 교육 프로그램을 믿고, 귀한 자녀의 영어 교육을 맡겨주셔서 진심으로 감사드리며 언제나 사랑과 정성으로 아이들을 지도하겠습니다.

6. 에너지 낭비하지 마세요

2020년 5월, 이태원 클럽 코로나 집단 감염 사건을 기억하는가? 이는 코로나 두 번째 대유행으로 이어졌다. 원어민 교사와 교직원도 클럽에 갔다고 했다. 관련 기사가 쏟아졌다. 사태가 심상치 않아 지역 맘 카페에 접속했다.

'불안해서 학원을 보낼 수 없네요.'
'월요일에 학원에 전화해서 확인해야겠어요.'
'학원에서 아니라고 해도 믿을 수 없네요.'

모두가 불안해하던 시기였다. 불안감을 카더라 통신을 타고 커졌다.

출근하자마자 전화가 쏟아졌다.

"원어민 선생님 이태원 갔어요? 확인해 보셨어요? 같이 어울리는 친구가 갔을 수도 있잖아요!"

결국 이태원에 방문하지 않았다는 모든 직원의 확약서를 보내고서야 잠잠해졌다.

어느 날, 맘 카페 글을 읽고 깜짝 놀랐다.

'아이 원어민 선생님 이름을 검색해 인스타그램 계정을 찾았다.'
'친구들이랑 모여서 술집을 자주 가더라. 요즘에도 자주 가는 거 아니냐.'
'우리 아이 학원 선생님도 한번 찾아봐야겠다.'

일부 학부모가 SNS를 보며 근거 없는 소문을 퍼트렸다. 또 다른 맘카페에서는 영어 유치원 원장 개인 인스타그램 이야기가 한창이었다. 여행과 쇼핑에만 관심 있다며, 교육자의 자세가 아니라는 둥 흉을 보았다.

학원 홈페이지에 원장과 강사 소개가 있다. 소개란에 이름, 사진, 이력 및 간단한 영어 인사말을 올린다. 맘 카페 글을 읽은 후 원어민 강사 소개에서 성(Family Name)을 빼고 이름(First Name)만 기재한다. 외국인의 경우 성까지 기재하면 쉽게 개인 SNS를 찾을 수 있다. 한국인 강사도 영어 이름만 게시한다. 개인 연락처는 공개하지 않고, 모든 연락은 학원 전화로만 한다. 교육 서비스가 아닌 일로 괜한 오해의 소지를 만들기 싫다. 강사와 직원의 사생활과 멘탈도 보호할 수 있으니 일거양득이다.

등록 안 받습니다

학원에도 레벨테스트 노쇼(No Show)는 자주 있다. 예전에는 소개 방문이 대부분으로 적었다. 요즘 학부모는 간편한 네이버 예약을 선호한다. 하지만 이는 노쇼나 취소가 많다. 노쇼 방지를 위해 전날과 당일 예약 확인 문자를 보내고, 전화로 1차 상담도 한다. 그래도 여전히 노쇼는 있다.

"○○어학원입니다. 2시에 레벨테스트 예약하셨는데, 오고 계세요?"

"어머, 어떻게 해요. 깜빡했네요. 지금은 못 가는데 어쩌죠?"

우리 학원 프로그램이 맘에 들어 꼭 보내고 싶다는 학부모가 전화했다.

"아이가 바빠서 오후에는 도저히 시간이 안 나요. 방학이니 오전에 일찍 레벨테스트 볼 수 있을까요? 부탁드려요."

테스트를 위해 두 시간이나 일찍 출근했다. 예약 시간이 지나도 오지 않았다. 미안한지 전화도 안 받았다. 어떤 학부모는 1년 내내 네이버 예약과 취소를 반복한다. 레벨테스트도 약속인데, 안 지키는 학부모가 수강료 납부는 제때 할까? 필요한 교재를 잘 준비해줄까? 이런 고민으로 노쇼 세 번 이상은 등록을 받지 않는다.

에너지를 뺏는 학부모는 두 가지로 분류할 수 있다. 첫 번째는 진 빠지게 해놓고 결국 퇴원하는 학부모, 두 번째는 한 번씩 학원을 뒤집어 놓지만 절대 그만두지 않는 학부모이다. '원칙'과 '단호함'이 중요하다. 무리한 요구는 안 통하며, 학원 규칙에 예외가 없음을 인식하고 따라야 한다. 우리의 에너지는 한정되어 있다. 학생에게 에너지를 써야 한다.

7. 강사, 교수부장, 원장, 학부모 입장 차이

학원에서 많은 사람을 만난다. 매일 썰물과 밀물처럼 왔다 가는 학생뿐 아니라 강사, 상담 실장, 차량 기사, 학부모와 소통한다. 나는 운이 좋게도 강사 5년, 교수부장 7년, 원장으로 7년을 일했다. 자녀를 키우며 학부모 입장도 겪었다. 갈등이 생길 때는 이 경험을 바탕으로 상대방의 처지에서 생각하려 한다. '역지사지'는 좋은 해결책을 찾는 지름길이다.

다음은 각자의 생각을 반영한 강사, 교수부장, 원장, 학부모 이야기이다.

인정받기를 원하는 강사

영어 시험, 시강과 면접을 통과해 입사했다. 많은 지원자 중에 나를 뽑아준 원장이 슈퍼 갑처럼 어렵다. 첫 학기에는 업무 파악에 정신이 없었다. 일이 조금 손에 붙었다. 두 번째 학기가 됐다. 일주일에 25타임 수업했는데 28타임으로 늘어났다. 왜 3타임이나 늘어났는지 화가 났다. 집에 가자마자 계약서를 찾아보았다. 일주일 기준 30타임으로 적혀 있었다. 면접 때랑 계약서 사인할 때도 들었는데, 까맣게 잊어버렸다. 그래도 수업이 늘어난 게 영 맘에 들지 않는다. 신규 원생이 계속 들어온다. 학원이 잘 되는 게 반갑지만은 않다. 신입생은 손이 많이 간다. 능력을 인정받아 월급도 올랐으면 좋겠다. 내가 이렇게 열심히 일하는 걸 원장도 알까? 학원 강사 카페에서는 열심히 일하는 사람만 바보라며 그냥 적당히 하라고 하더라. 그게 더 똑똑한 건가? 잘 모르겠다. 가끔은 구인 사이트의 다른 학원 공고를 확인한다. 일은 더 적게 하고 돈은 많이 주는 학원은 없을까?

비무장지대 교수부장

강사일 때는 교수부장이 부러웠다. 수업이 적어 여유로워 보였다. 하지만 얼마 지나지 않아 잘못 생각했음을 깨달았다. 신경 쓸 일이 태산이다. 수백 명의 원생과 강사 모두에게 안테나를 꽂고 있어야 한다. 특히 강사와 원장 사이에 미묘한 갈등이 있을 때는 가시방석이다. 왠지 강사와 이야기할 때는 강사 편을, 원장과 있을 때는 원장 편을 들어야 할 것 같다. 말조심하며 38선 비무장지대처럼 지내야겠다. 지난주에 A형 독감이 돌았다. 강사 결근 시 대체 수업도 교수부장의 일이다. 예상치 못하게 이번 주 내내 대체 수업을 했다. 마무리 못 한 학원 일이 태산이다. 친구와의 주말 약속은 취소했다. 자주 아픈 강사에게 면역에 좋은 비타민C를 선물해야겠다. 다음 주에는 아무도 아프지 않기를….

24시간이 부족한 원장

원장이 절대 갑이라고 생각했다. 막상 되어보니 절대 을이다. 강사일 때는 학생과 학부모만 신경 쓰면 그만이었다. 지금은 학원 관련 A부터 Z까지 신경 쓴다. 세금 문제부터 건물 누수까지 말이다. 일이 자꾸 늘어난다. 산타 할아버지가 누가 착한 아이인지 나쁜 아이인지 알듯이, 어떤 강사가 열심히 하고, 대충하는지도 보인다. 원장은 강사가 업무에만 집중할 수 있도록 도와주어야 한다. 나에게는 더 엄격해지고, 남에게는 더 관대해지려고 한다. 가장 열심히 일하는 사람은 원장이어야 한다. 직원의 일거수일투족을 감시하고 질책하기보다 '일은 이렇게 하는 거다' 보여준다. 열정은 전염성이 높다.

확신이 없는 학부모

우리 아이만 영어 학원에 안 다니는 것 같아 불안했다. 다른 아이 엄마에게 어느 학원에 보내는지 물었다. 이야기해 주기 싫은지 자리를 피했다. 큰맘을 먹고 등록했다. 수강료 30만 원에 한 학기 영어도서관과 온라인 프로그램 이용비를 포함한 교재비 16만 원도 결제했다. 다른 학원은 셔틀 비도 있는데, 여기는 없다. 이번 달에 교재비까지 거의 50만 원을 썼다. 가계부 예산을 다시 짜야겠다. 처음 숙제하는 날, 힘들어하는 아이를 다독이며 겨우 끝냈다. 이렇게 끼고 숙제를 봐주려면, 비싼 돈 주고 학원은 왜 보내나 싶다. 내가 먼저 나가떨어지겠다. 계속 보내면 영어 실력이 늘어 돈값을 할까? 목동에서 유명한 C학원이 개원한다는데, 거길 보낼 걸 그랬나? 고민하며 잠이 든다. 내일은 아이와 감정 상하지 않고 숙제할 수 있을까?

8. 이런 원장은 되고 싶지 않습니다

첫째, 책 한 권 안 읽는 원장

영국의 서식스 대학교에서 독서, 산책, 음악 감상, 비디오 게임 등의 스트레스 해소 방법들이 얼마나 효과적인지 연구했다. 그 결과, 스트레스를 68%나 감소시킨 활동은 독서였다. 단순히 6분간 책을 읽는 것만으로도 효과가 컸다. 심장박동수도 낮아지고 근육의 긴장도 풀렸다. 음악 감상은 61%, 커피 마시기는 54%, 산책은 42%를 낮췄다. 비디오 게임은 21%를 줄였지만, 심장 박동 수는 오히려 높였다.

개인적인 경험으로도 독서가 효과적임을 알 수 있었다. 기쁠 때나 우쭐할 때, 힘들거나 불안할 때도 책에서 안정과 위로를 얻었다. 영어 열정도 책에서 시작했다.

"영어책 읽고 싶은 사람은 쉬는 시간에 교무실로 와서 빌리도록 해라."

고등학교 때, 영어 선생님이 말했다. 영어는 싫었지만, 책을 좋아했기에 용기를 내서 교무실에 갔다. 책이 재미있어 매일 읽었다. 덕분에 영어 점수가 수직으로 상승했다.

'역세권'에서 파생된 말이 있다. 공원 근처에 있다는 의미의 공세권, 숲이 옆에 있다는 숲세권, 스타벅스 인접 스세권, 편의점 옆이라는 편세권이다. 나에게는 도서관 도보 10분 이내 도세권이 제일 중요하다.

도서관에서 읽은 책이 천 권이 훌쩍 넘는다. 도서관은 학습과 성장을 위한 보물 창고이다. 월급 원장으로 일한 학원에도 영어 도서관이 있다. 면접 보러 왔을 때 큰 영어 도서관에 마음을 빼앗겼다. 다른 학원의 제안을 거절하고 이곳을 선택했다. 영어 책에 빠진 학생을 보며 행복했다. 앞으로 개원할 학원에도 도서관은 있을 것이다. 더 많은 학생에게 영어 독서의 즐거움을 알려주고 싶다.

둘째, 발전이 없는 고인 물 원장

나는 극 현실주의자이며 프로계획러이다. 목표와 계획을 세워 완료하기를 즐긴다. 하지만 새로운 일을 시도하기 어려워한다. 기존의 틀에 안주하는 고인 물 성향이 있다. 그래서 의도적으로 틀 깨기를 하려 노력한다. 넓은 시야와 유연성을 갖기 위해 계획하지 않은 곳에 방문하거나 내키지 않는 새로운 일에 도전한다.

영어 교육 세미나도 참석한다. 기존의 방식과 생각에 갇히지 않으려 한다. 세미나는 다른 사람의 비결을 집중적으로 배울 기회이다. 세미나는 NE능률 & 빌드앤그로우, 웅진 컴퍼스 출판사의 CLASSBOX, 제이앤제이에듀 영어교육 카페, 학관노(학원 관리 노하우) 카페, 글로벌 사이버 대학교 평생교육원 등에서 듣는다.

마지막으로, 돈 걱정하는 원장

큰돈을 벌었다던 첫 학원 원장은 매달 대출 이자를 걱정했다. 오랜 경력의 강사도 월급 받아 카드값 내기 바빴다. 초보 강사 시절 나의 미래라고 할 수 있는 원장과 선배 강사를 보며 생각했다. 본업(노동)으로 돈을 벌면서 추가 소득을 만들기 위한 자기 계발과 투자도 해야겠다고 말이다.

이십 대 중반부터 현재까지 다양한 재테크 강의를 들었다. 평일 낮이나 주말에는 부동산 임장을 다녔다. 재개발 빌라를 시작으로 아파트, 토지, 구분 상가, 상가주택에 투자했다. 주식과 가상화폐도 한다. 공유 민박업이나 무인 사업도 공부한다. 나와 내 가족을 지켜줄 다양한 소득원을 만들기 위해서다.

경제적 여유는 학원 운영을 즐길 수 있게 해준다. 경제적으로 힘들다면 나도 모르게 원생이 돈으로 보일 수 있다. 강사 인건비와 학원 임대료를 걱정하며 받지 말아야 할 학생을 받거나, 개선의 여지가 없는 문제 학생을 퇴원시키지 못할 수도 있다. 돈을 위해서 교육 철학과 반대되는 일을 선택하고 싶지 않다. 경제적 자유를 위한 자기 계발은 교육자로서의 자기 계발만큼 중요하다.

9. 대박 학원 자리 어떻게 찾죠?

월급 원장으로 일했던 어학원은 교통 좋은 곳에 있다. 약 500세대 아파트 한 개에 빌라가 많다. 예전에는 주위에 대형 어학원이 적었다. 대략 열 대의 셔틀버스를 운영하며, 해당 구 전역에서 학생이 왔다. 하지만 몇 년 전부터 학원 15~30분 거리에 재개발 아파트가 여럿 지어졌다. 그러면서 그 주위에 많은 학원, 교습소, 공부방이 생겼다. 반대로 우리 학원이 위치한 동네는 청년층이 선호하는 곳이 됐다. 자녀가 있는 부부가 이사 갔다. 대신, 1인 가구와 외국인이 이사 왔다.

초중등 대상으로 원래는 초등 비율이 월등히 높았다. 원생 수가 줄지는 않았다. 하지만 해가 갈수록 초등학생이 줄고, 중학생이 많아졌다. 고학년이 많아지는 것은 좋지 않다. 원인을 분석해 보았다. 학원 주위에 초등학교가 없었다. 가장 가까운 초등학교가 도보 25분 거리였다. 초등 아이를 둔 세대가 학원 주위에 살지도 않았다. 초등, 특히 저학년 부모는 학원 버스 타는 것을 좋아하지 않는다. 삼십 분간 학원 버스를 타야 한다는 말에 등록을 고민하는 학부모도 많았다. 멀미나 긴 탑승 시간으로 그만두는 학생도 있었다. 교육의 질과 서비스는 노력으로 개선할 수 있다. 하지만 물리적인 학원 위치를 바꾸기는 어렵다. 신중에 신중을 기해 골라야 한다.

대박 학원 자리 찾는 두 가지 키워드

유명한 투자가 찰리 멍거가 말했다.

'낚시의 첫 번째 규칙은 물고기가 있는 곳에서 낚시하는 것이고, 두 번째 법칙은 첫 번째 법칙을 절대 잊지 않는 것이다.'

배후세대와 학교(학생 수)가 중요하다. 이는 네이버 지도, 카카오 뷰, 네이버페이 부동산에서 확인한다. 이 두 가지는 마이프차 사이트(https://myfranchise.kr/map)에서 한번에 볼 수

마이프차 상권정보

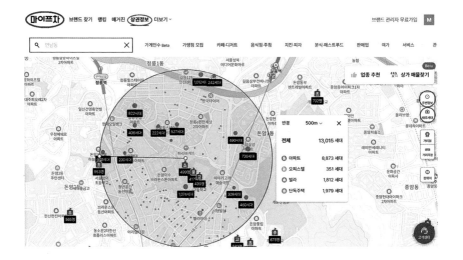

있다. PC로 사이트 접속하고 로그인하면 된다.

먼저, 마이프차 상권정보의 지도 화면 오른쪽에 있는 주변 정보를 클릭한다. 초등학교, 중학교, 고등학교를 선택해 학교 위치와 학생 수를 확인한다. 배후 세대도 클릭한다. 도보 7분 거리인 500m 반경을 지정하면, 그 안에 해당하는 주거 형태별 세대수가 나온다. 학원 버스를 운영할 계획이라면 노선에 따라 반경을 더 크게 잡는다. 아파트와 다르게 가늠하기 어려운 빌라와 단독주택 세대까지 알려준다. 학교 위치와 배후 세대를 보고 학생이 다니는 동선을 파악한다. 동선 안에서 학교 근처보다는 주거 밀집 지역 근처가 더 좋다. 초등학교나 중학교를 끼고 있는 세대 수많은 아파트라면 단지 내 상가도 안전한 선택이다.

학원가는 어떻게 찾나요?

수요(배후 세대, 학교)가 풍부한지 파악했다면 이제는 경쟁 학원을 파악할 차례다. 학원가는 주거 상권의 좋은 입지, 생활 동선에 형성된다. 학원가는 호갱노노(https://hogangnono.com)에 PC로 접속해 확인한다.

호갱노노 지도 화면에서 학원가를 클릭한다. 규모와 시간당 평균 학원비를 볼 수 있다. 지도상에 색상별로 구분이 되어있어, 한눈에 파악할 수 있다. 단, 입시, 검정, 보습 및 국제화(초, 중, 고 외국어) 학원만 포함된다. 주기적으로

호갱노노 학원가

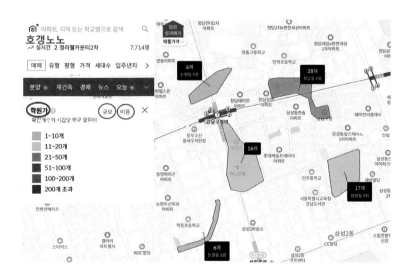

데이터를 갱신하여 새롭게 생성된 학원 밀집 지역 확인이 가능하다.

학원 자리 계약 전 체크리스트

번호	확인 항목	체크
1	건축물 대장상의 용도 확인했나요? 제2종 근린생활시설, 교육 연구시설인지 혹은 용도변경 가능한지 확인하세요.	☐
2	교습 과정에 해당하는 강의실의 기준 면적을 확보했는지 확인했나요? 학원의 경우 교무실, 원장실, 복도 같은 강의실 이외의 공간을 빼고 기준 면적 계산합니다. 벽과 벽 사이 내부 실측된 순수 강의실 면적입니다. (지역마다 다르니 관할 교육청 확인 필수)	☐
3	무허가, 위반 건축물 해당 여부 확인했나요? 유해 업소 확인했나요?	☐
4	용도 변경이 필요하다면, 용도 변경 비용은 임대인이 부담하도록 임대차 계약서에 특약으로 기재했나요? 용도 변경이 완료된 후, 계약하면 더 좋습니다.	☐
5	'학원인가 불허 시 계약 무효로 하며, 계약금은 즉시 임차인에게 반환한다' 임대차 계약서에 특약으로 넣었나요?	☐
6	계약하는 주소에 이전 학원의 폐업/폐원 여부 확인했나요? 전 학원이 폐원하지 않았으면 같은 자리에 새 학원 설립 불가입니다.	☐
7	남녀 화장실 구분되어 있나요? 간판 자리, 냉난방기 설치 장소와 실외기 자리도 확인하세요.	☐
8	권리금이 있다면 권리금 계약서 작성하나요? 권리금은 5년 동안 나눠서 비용처리 받을 수 있습니다. 권리금을 주는 사람은 원천징수 후 세무서 신고해야 합니다. 받는 사람은 다음 해 5월 종합소득세에 기타 소득으로 합산해 신고합니다.	☐
9	동일 과목 학원이 같은 건물에 있는 경우 동종업 추가 입점 가능 여부 확인했나요? 집합 상가의 경우 상가 관리 규약으로 동종업종 제한을 하기도 합니다.	☐
10	임대차 계약서상 임차인과 학원 설립자가 같나요? 임대인이나 학원 설립자가 2명 이상이라면, 계약서에 이름이 다 들어갔나요?	☐
11	계약 후, 세무서에서 확정일자 받았나요? 건물을 임차하고 사업자등록을 한 사업자가 확정일자를 받으면, 임차 건물이 경매나 공매로 넘어갈 때 보증금을 우선 변제받을 수 있습니다. (단, 환산 보증금 액수가 넘지 않는 경우, 서울 9억/지역별 확인 필요)	☐

* 지자체별로 기준이 다를 수 있습니다. 꼭 관할 교육지원청 담당자에게 미리 확인하세요.

10. 온라인 홍보 이것부터 하세요!

STEP 1. 스마트 플레이스에 내 학원 등록하기

내가 강사를 시작했을 때는 전단, 신문 삽지, 아파트 게시판, 설명회 등의 오프라인 홍보가 대세였다. 한 통의 문의 전화를 위해 큰 비용을 들여 수천 장의 전단을 뿌렸다. 지금은 온라인 홍보가 중요하다. 무료로 혹은 저렴하게 24시간, 공략 고객에 맞춰 홍보한다. 그중에서도 네이버가 대세이다. 요즘은 네이버에서 맛집, 병원, 학원을 검색하고, 방문한다. 검색했는데 내 학원이 나오지 않는다면? 큰일이다. 간판 없이 영업하는 것과 다름없다. 스마트 플레이스, 블로그, 네이버 예약, 네이버 톡톡은 필수이다.

업체 신규 등록

1) 네이버 스마트 플레이스에 들어가 업체 신규 등록을 클릭
   한다.

2) 업종을 입력한다. '학원'으로 검색하면
   교육, 학문 카테고리에 학원, 교습소, 어
   학원, 음악학원, 취미학원 등 세부 카테
   고리를 선택할 수 있다.

스마트 플레이스

3) 사업자등록증을 확인하는 단계다. 프
   랜차이즈 학원은 본사 가맹 계약서 혹은 본사 공식 홈페이지
   지점 정보 확인도 필요하다.

4) 아래와 같이 학원 정보를 입력한다.

기본정보 입력

▷ 업체명 입력 : 학원 이름을 입력한다. 지역명도 같이 넣을 수
   있으면 좋다. 프랜차이즈라면 OOO 어학원 마포 상암 캠퍼
   스처럼 지역 이름을 넣는다.

▷ 업체 사진 : 대부분 학원 로고와 인테리어 사진만 등록한다.
   그보다 학생 사진이 훨씬 효과적이다. 수업 사진이나 어린이
   날 행사에 참여해 즐거워하는 학생의 사진을 올리자. 원장이
   나 강사의 사진도 좋다. 신뢰도와 클릭률이 올라간다. 최대

120장까지 업로드 가능하다(학생 얼굴은 모자이크 처리하거나 초상권 활용 동의서를 받는다).

▷ 상세 설명 : 2,000자까지 가능하다. 어필하고 싶은 점을 꾹꾹 담아 쓴다. 학부모가 검색할 만한 키워드도 녹여낸다.

▷ 대표 키워드 : 대치동초등영어, 이화여중영어내신전문, 마포영어도서관 등 최대 5개까지 등록한다.

▷ 전화번호 : 전화번호를 입력한다. (네이버 스마트콜도 추천한다. 무료로 통화 연결음, 스마트 ARS, 통화 이력 관리 기능을 이용할 수 있다)

▷ 주소 : 주소 입력 후, 지도의 파란새 핀이 학원의 위치를 정확히 나타내는지 확인한다.

▷ 찾아오는 길 : '서울시 ○○동 75-1번지 ○○빌딩 2층'보다는 '○○초등학교 5분 거리, ○○○초등학

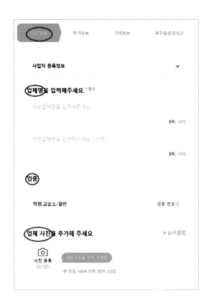

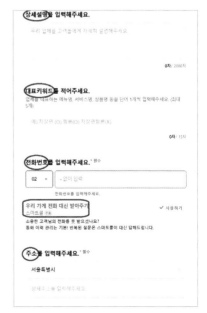

교 10분, ○○중학교 2분 거리, ○○역 7분 거리, ○○ 이마트 근처이며 ○○문화회관 옆'이 낫다. 학부모가 검색할 만한 학교명, 지역 랜드 마크를 넣는다. 검색에 유리하다.

부가 정보 입력

▷ 주차, 예약, 무선 인터넷, 남/녀 화장실 구분, 제로페이, 지역화폐, 차량 운행 등 제공하는 부가서비스를 중복으로 선택한다.

▷ 운영 중인 홈페이지, SNS, 커뮤니티 연결: 네이버 플레이스에서 클릭으로 예약, 블로그, 인스타그램 페이지에 방문할 수 있다.

가격 정보와 휴무일, 운영 시간 입력

▷ 가격 정보 : 가격 정보를 올리지 않는 학원이 대부분이다. 보기 좋게 정리해서 올리자.

▷ 휴무일과 운영 시간 : 정기휴무일, 임시공휴일, 요일별 운영 시간을 입력한다. 학부모가 운영 시간을 보고 학원에 방문하거나 문의 전화를 할 수 있다.

모두 완료하면 네이버에서 확인 후, 네이버 검색, 지도 등에 정보가 노출된다. 등록하면 상위 노출, 마케팅을 제안하며 비용을 요구하는 업체의 전화가 온다. 네이버와 관련 없으니 주의해야 한다.

STEP 2. 네이버 예약 등록하기

예약 등록도 네이버 스마트 플레이스 사이트에서 설정한다. 몇 년 전부터 전화로만 받던 레벨테스트 예약을 네이버로 받기 시작했다. 학원 업무시간에만 가능하던 일이 온라인에서 24시간 365일 가능해져 편리하다. 먼저, 예약 상품명, 학원 사진, 예약 상품을 소개하는 글과 방문 유의 사항을 입력한다. 예약 상품은 레벨테스트, 원장 상담, 클리닉 수업, 방학 특강 수업 등으로 정하면 된다.

다음으로 일정 설정을 한다. 원하는 날짜, 시간대를 클릭해 최대 예약 인원을 정한다. 노쇼 예방을 위해 예약금을 받아도 좋다. 마지막으로 이용 후에는 꼭 '방문자 리뷰'를 받는다. 학부모의 정성 어린 리뷰는 소중하다. 원장의 정성스러운 리뷰 댓글도 덧붙인다.

업체 리뷰는 '방문자 리뷰'와 '블로그 리뷰'가 있다. '방문자 리뷰'는 영수증 인증, 네이버 예약 이용 후 작성한다. 블로그 글을 작성할 때, 장소를 클릭해 학원 위치 지도를 넣으면 '블로그 리뷰'에 노출된다. 학원 블로그 글에 학원 지도 넣기 잊지 말자!

STEP 3. 네이버 톡톡 등록하기

네이버 톡톡은 학원과 학부모가 바로 대화할 수 있는 웹 채팅 서비스이다. 네이버 톡톡 파트너 센터에 들어가 학원 아이디로 로그인한다. 내 업체(학원)에 톡톡 서비스를 연결한다.

네이버 지도, 예약, 블로그에도 연결한다. 블로그 포스팅에도 톡톡 배너를 넣는다. 학부모가 클릭해 바로 대화할 수 있다. FAQ 기능을 이용해 학부모가 자주 하는 질문과 답변도 미리 등록한다.

네이버 톡톡 파트너

STEP 4. 네이버가 분석해 주는 고객 유입 경로 확인!

네이버 스마트 플레이스 사이트나 앱에서 내 업체^(학원)로 들어가 통계를 클릭한다. 스마트 플레이스를 사용하며 쌓인 고객 정보를 분석해 준다. 일간, 주간, 월간 조회 수와 성별, 나이대와 시간, 요일별 유입 등을 확인할 수 있다. 유입 채널과 유입 키워드도 보여준다. 이를 확인하고 상위 유입 키워드와 채널에 집중하면 된다.

여기까지 하면 온라인 마케팅 기초 공사는 끝났다. 사업자 등록증을 받으면 네이버 업체 등록 먼저 하자. 무료로 최고 가성비와 효과를 낸다.

STEP 5. 네이버 플레이스 유료광고

네이버에서 '대치동 영어 학원', '장안동 학원', '잠실 어학원'으로 통합 검색, 지도 검색할 때 우리 학원이 상단에 노출되게 한다. 네이버 검색광고 사이트에서 광고 플랫폼으로 들어간다. 광고 만들기, 플레이스 유형을 차례로 클릭하고 하루 예산을 설정한다. 등록된 학원 정보를 기반으로 연관도가 높은 키워드에 자동 매칭되어 광고가 노출된다. 원하지 않는 키워드는 노출 제외하면 된다.

클릭당 요금이 나간다. 업체 홍보 문구나 이미지는 선택하거나 추가한다.

'학원 광고 시 준수 사항' 잊지 마세요!

학습자 모집을 위한 인쇄물, 인터넷 광고에 아래 사항을 모두 표시해야 한다. 전단, 포스터 인쇄물과 학원 홈페이지, 블로그, 카페, SNS 글에 넣는다.

광고 시 표시 사항

번호	내용
1	학원 등록 또는 신고 번호
2	학원 또는 교습소 명칭
3	교습 과정 또는 교습 과목
4	교습비
예시 1	○○교육 지원청 등록 제○○○○호 ○○학원(영어 ○○만 원 / 주3회 각 100분)
예시 2	○○교육 지원청 신고 제○○○호 개인과외교습자 (수학 ○○만 원 / 주3회 각 90분 / 주 5회 각 50분)

11. 등록을 부르는 입회 상담 질문 TOP 5

눈에 잘 띄는 간판, 전단과 현수막, 블로그, 인스타그램, 네이버 플레이스, 무엇을 위한 것일까? 신규 원생 모집이다. 그렇다면 신입생 등록에서 가장 중요한 단계는 무엇일까? 바로 입회 상담이다.

훌륭한 입회 상담은 '등록할 생각은 없지만 레벨테스트나 한번 보지'리머 온 학부모의 등록을 끌어낸다. 반대로 서툰 상담은 '가까우니 웬만하면 등록하고 가야지' 라는 마음을 돌린다. 학생과 학부모의 요구를 재빨리 파악하여 맞춤 상담을 해야 한다. 이를 위해 꼭 필요한 질문 다섯 가지를 정리했다.

Q1: 우리 학원 어떻게 알고 왔나요?

친구 소개나 온라인으로 보고 온 경우 등록으로 이어지기 쉽다. 학원에 대해 어느 정도 알고 방문한다. 새로 이사 왔거나, 지나가다가 온 경우에는 학원 정보가 부족하다. 커리큘럼에 대해 더 자세히 상담한다. 잘 정리된 학원 안내문을 보며 설명한다. 안내문은 집에 가져가서도 볼 수 있도록 드린다. 초등학교 고학년의 경우, 초등에서 중등 대비를 어떻게 하는지와 중등 커리큘럼까지 안내한다. 오래 보낼 수 있는 학원임을 어필한다.

Q2: 이전에 영어 학습을 어떻게 했나요? 어디 다녔었나요?

학부모의 교육 철학이나 교육열을 추측할 수 있다. 학습량과 기간에 비해 실력이 부족한 경우 원인을 찾는다. 언어 감각이 부족한지 공부 방법의 문제인지 파악한다. 영어 공부에 할애한 시간도 파악한다. 수준에 맞지 않는 교재로 공부했는지도 본다. 세심한 학부모는 이전 학원 교재를 들고 오기도 한다.

Q3 : 왜 학원에 다니기로 했나요? 왜 학원을 옮기려고 하세요?

학원에 무엇을 기대하는지 파악하는 질문이다. 강사와 맞지 않아서, 숙제가 많아서, 영어 말하기를 더 하고 싶어서인지 확인한다. 이전 학원의 퇴원 사유가 우리 학원에서도 이별의 이유가 될 수 있다. 불만족했던 점을 파악해 신경쓴다. 학부모의 요구가 우리 학원의 규정에 맞지 않는 예도 있다.

"가족 여행을 자주 가는데, 수강료 안 빼줘서 그만뒀어요."

"주말마다 불러서 따로 봐주시면 안 돼요? 아니면 학원 끝날 때까지 끼고 봐주세요. 집에서 핸드폰만 해요. 전 학원은 그렇게 안 해줘서 그만뒀어요."

학원 규정에 예외는 없다. 수용할 수 없음을 솔직하게 안내한다.

엄마표 영어만 한 경우, 주로 아웃풋 영역인 말하기와 쓰기가 약하다. 학원에서는 체계적인 커리큘럼을 통해 모든 영역을 균형 있게 학습한다는 점을 강조한다. 가정에서는 하기 힘든 다양한 쓰기 활동과 꼼꼼한 첨삭을 제공한다. 말하기 연습도 한다. 또래와의 수업은 동기부여에도 좋다. 잘하는 학생이 승부욕을 자극한다. 강사와 다른 학생 눈을 의식해서라도 더 열심히 노력한다.

Q4 : 영어를 공부하면서 어떤 점을 제일 어려워하나요?

단어 암기, 영작, 말하기 등 어려워하는 부분을 파악한다. 가장 약한 부분일 가능성이 높다. 왜 어려운지 이야기를 나눈다. 필요한 부분을 어떻게 도와줄 수 있는지 자세히 안내한다. 특정 영역이 약한 경우, 방학 특강을 통해 집중적으로 학습하도록 추천한다. 문법에 어려움을 겪는 중학생은 무료로 기초 문법 수업을 해준다.

Q5 : 다른 학원 일정이 어떻게 되나요?

요즘 학생은 참 바쁘다. 학원 일정이 빡빡하다. 시간 관리가 안 되어 숙제가 들쑥날쑥한 학생이 많다. 두꺼운 챕터북을 대충 읽고 와서 수업에 참여한다. 당연히 수업 집중도나 성취도는 떨어진다. 숙제와 매일 원서 읽기에 충분한 시간을 확보할 수 있는지 본다.

지피지기면 백전백승!

많은 정보를 가질수록 성공률이 높아진다. 정확한 니즈를 파악하고 상담을 준비할 수 있다. 이를 위해 레벨테스트 예약 시에 정보를 받는다. 전화상에서 간단히 물어보거나 네이버 예약 시 추가

정보를 입력하도록 한다(네이버 예약 관리 설정의 예약자 정보 요청에 들어가 질문을 설정한다). 방문 시에도 입학 원서에 정보를 받는다. 이렇게 모은 정보와 테스트 결과를 바탕으로 상담한다. 우리 학원의 우수성에 대해 혼자 떠드는 상담은 좋지 않다. 안내와 상담은 다르다. 학부모의 쏟아지는 질문에 대답만 하는 것도 마찬가지다. 먼저 학부모의 고민을 경청하고, 공감한다. 그리고 내 생각을 덧붙인다. 우리 학원에서 어떻게 도와줄 수 있는지 어필한다.

학생과 이야기를 나누며, 성향을 빠르게 파악한다. 초중등 학부모의 경우 원장이 학생을 얼마나 잘 파악했는지도 중요하다. 신뢰도가 확 올라간다. 마무리로 학생을 칭찬하며 간식 꾸러미를 선물한다. 테스트에 지쳐버린 학생의 힘없는 눈빛이 갑자기 반짝인다. 달콤한 간식을 먹으면 기분이 좋아진다. 우리 학원을 좋게 기억해 달라는 작은 노력이다.

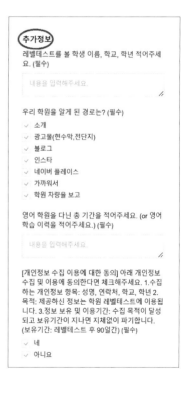

입학 원서 학생 정보

1. 우리 학원을 알게 된 곳 (체크해 주세요.)

 ☐ 주변의 추천,소개 (이름: _____) ☐ 전단, 현수막 ☐ 가까워서

 ☐ 블로그 ☐ 인스타그램 ☐ 인터넷 검색 ☐ 학원 차량을 보고

2. 학생의 성격 (중복 표시해 주셔도 됩니다.)

 ☐ 내성적 ☐ 외향적 ☐ 꼼꼼한 성격 ☐ 게으른 편 ☐ 학습 의욕 많음 ☐ 학습 의욕 부족 ☐기타_____

3. 영어 선행 학습 경험

 ☐ 타 학원 (학원명:_____기간:_____) ☐ 개인과외 (기간: _____)

 ☐ 인터넷 강의 (기간: _____) ☐ 가정 학습 (기간: _____) ☐기타_____ ☐ 경험 없음

4. 학생이 어떤 부분이 부족하다고 생각하시나요? (또는 실력향상을 바라는 부분)

 ☐ Reading ☐ Speaking ☐ Writing

 ☐ Listening ☐ Grammar ☐ Vocabulary

5. 숙제의 적정량

 ◇ 필요 없음 ◇ 매일 30분 이내 ◇ 매일 1시간 이내 ◇ 매일 1시간 이상 ◇ 매일 90분 이상

6. 현재 다니고 있는 학원(or 과외) 시간대를 적어주세요.

 _____학원. 등, 하원 시간 _____요일 ___시 ___분 ~ ___시 ___분

 _____학원. 등, 하원 시간 _____요일 ___시 ___분 ~ ___시 ___분

 _____학원. 등, 하원 시간 _____요일 ___시 ___분 ~ ___시 ___분

 _____학원. 등, 하원 시간 _____요일 ___시 ___분 ~ ___시 ___분

 _____학원. 등, 하원 시간 _____요일 ___시 ___분 ~ ___시 ___분

7. 외국 연수 (거주) 경험 및 예정 사항

 국가 _____ 기간 _____ 목적 _____

8. [초등학생] 최근에 읽은 영어책 제목 적어주세요. 제목:_____

 [중학생] 최근 학교 영어 시험 성적 적어주세요. _____학년 _____ 학기 (중간/기말) _____점

9. 학생이 좋아하는 과목 _____ 어려워하거나 싫어하는 과목 _____

백전백승 상담 체크리스트

번호	질문
1	고객(학생, 학부모)의 고민이 무엇인가요?
2	고민 해결을 위해 어떤 시도를 했나요?
3	우리 학원에서 어떻게 도와주기를 바라나요?
4	학생의 입장에서 생각하고, 진심으로 도와주고 싶다는 마음을 가지고 해결책을 제시했나요?

12. 학부모 질문 TOP 3

입회 상담을 위해 온 학생의 성향과 영어 실력은 모두 달랐다. 하지만 학부모가 궁금해하는 내용은 비슷했다. 가장 많이 받은 질문 3개를 뽑아보았다. 적절한 대답을 미리 준비해 놓자.

Q1 : 우리 아이 수준, 어떤가요?

"준호랑 예나가 여기 다닌다는데, 레벨이 뭐에요?"

"우리 아이 반에 있는 학생은 주로 몇 학년이에요?"

학부모 단골 질문이다. 다른 학생과 비교해서 레벨이 높은지, 낮은지를 궁금해한다. 학부모가 되어서야 그 마음을 이해하게 됐다. 옆집 아이와 비교하게 된다. 다른 학생의 레벨은 개인 정보다.

알려주면 안 된다. 학부모 사이에서 레벨은 비교의 기준이며 민감하다. 개개인의 실력 평가에 중점을 두어 대답한다.

"잘한다는 기준은 사람마다 다릅니다. 대신 학습 이력과 비교해 어떤 영역을 잘하고 부족한지 말씀드릴게요. 앞으로의 공부 방향도요."

"어려운 레벨에서 수업하는 게 좋을까요? 아니면, 한 단계 낮은 레벨이 좋을까요?"

정답이 없다. 상담을 통해 결정해야 한다. 새로운 환경을 힘들어하거나, 학습 의욕이 낮은 경우 수준보다 약간 낮은 레벨이 유리하다. 쉽게 적응하며, 자신감을 가지고 의욕적으로 시작한다. 반대의 경우도 있다. 학습 의욕이 높거나 이해력이 좋은 경우이다. 노력 없이도 점수가 잘 나와 학습 의욕이 꺾인다. 학부모는 시간 낭비인가를 고민한다. 이런 경우, 한 단계 어려운 레벨로 배정한다. 대신 학생과 학부모에게 예습, 복습에 더 신경 쓰겠다는 약속을 받는다. 시기도 영향을 미친다. 새 학년, 새 학기, 특히 중학교로 올라가는 경우 어려운 레벨을 추천하지 않는다. 많은 학생이 새 학기 증후군을 겪는다. 시기와 학생의 특성을 고려한다.

"동생과 공부하면 자존심 상하지 않을까요?"

영어는 비슷한 수준의 학생과 학습하는 것이 효과적이다. 고학년은 저학년보다 이해력이 빨라, 수업 분위기를 주도한다. 자신감을 얻고 빠른 실력 향상을 보인다. 레벨업을 해 또래와 공부하게 될 때까지 지치지 않도록 가정과 학원에서 격려한다.

Q2 : 숙제가 많나요? 숙제를 싫어해서 걱정이에요.

학원 수업에는 시간적인 한계가 있다. 실력 향상을 위해서는 예습과 복습이 꼭 필요하다. 그렇지 않으면 수업 내용을 온전히 내 것으로 만들기 힘들다. 언어 공부는 매일 하는 것이다. 누워서 스마트폰 보고 싶지만, 일어나서 숙제 먼저 하는 습관을 만들어야 한다. 꾸준히 하는 학습 태도가 중요하다. 성인이 되어서의 삶의 태도와도 연결된다. 먼저, 어려운지 아니면 양이 많은지 숙제가 싫은 이유를 찾는다. 학원이 처음이거나 숙제가 없는 학원에 다녔던 학생은 적응 기간 동안 양을 조절한다. 신입생, 레벨업 학생, 수업 이해도가 낮은 학생은 클리닉을 열어 숙제를 따로 봐준다.

Q3 : 전에 다니던 OOO 어학원과 무엇이 달라요?

경쟁 학원의 레벨, 교재, 관리 시스템을 파악한다. 우리 학원과 비교해 강점과 약점도 분석한다. 상대의 약점을 말하며 깎아내리려는 것이 아니다. 우리의 장점을 더 뾰족하게 드러내기 위함이다. '타 학원 비방'은 금물이다. 교포 강사가 수업하는 C 어학원을 보냈던 학부모는 꼼꼼하지 않은 상담과 문법 수업을 아쉬워한다. 그럴 때는 우리 학원의 탄탄한 문법 수업과 한국인 담당 강사의 매달 정기 전화 상담으로 어필한다. J 영어 학원 중등반의 경우 한 반에 20명씩 들어간다. 우리는 한 반에 최대 10명 정원임을 강조한다. 적을 알고 나를 알면 백전백승이라 했다. 우리 학원의 장점을 알리기 위해서는 다른 학원도 잘 알아야 한다.

13. 강사 이력서가 안 들어와요

학원장 온라인 커뮤니티에 강사 채용이 어렵다는 글이 올라왔다. 댓글이 달리기 시작했다.

'강사 구하는 게 제일 힘드네요. 이력서가 안 들어와요.'

'미치겠네요. 이러다 학원 망하겠어요.'

'대기 학생이 있는데 반을 못 여네요.'

코로나가 터지기 몇 년 전부터 채용이 어려워졌다. 예전에는 구인 공고를 올리면 이력서가 쏟아졌다. 괜찮은 강사가 없어 고민해 본 적은 없었다. 하지만 좋은 시절은 갔다. 현재 많은 원장의 고민은 강사 채용이지 않을까? 좋은 강사 채용보다 이력서를 많이 받는 법을 고민하는 것이 더 현실적이다.

이력서 많이 받는 법

첫째, 사람인, 잡코리아, 훈장마을, 김강사, 잡티치, 잡티처, 알바천국, 알바몬, 숙명여대 TESOL 대학원 JOB BOARD, 근처 대학 커뮤니티 등 많은 사이트에 구인 공고를 올린다.

둘째, 급여의 폭을 넓게 잡는다. 경력과 능력에 따른 차등 대우라고 덧붙인다.

셋째, 학생 모집 광고를 하듯이 우리 학원의 장점을 어필한다. 학원도 채용 당한다는 생각으로 정성 들여 공고를 올린다.

넷째, 경력자만 채용한다는 말을 지운다. 구인난에는 강사의 자질이 있는 초보자를 교육하는 것이 낫다. 배울 자세를 가진 초보 강사가 어설픈 경력자보다 나을 수 있다.

마지막으로, 전임 강사 공고를 올릴 때 주 3일이나 주 2일 파트 강사 공고도 같이 게시한다. 더 많은 이력서를 받을 수 있다. 처음에 파트로 지원했지만, 일정을 조율해 전임으로 일하는 강사도 있다.

좋은 강사 찾기

첫째, 구인 공고에 명시된 접수 방법에 맞춰 지원했는지 확인한다. 이력서, 자기소개서, 경력이 있다면 경력 기술서까지 빠짐없이

제출했는지 본다. '전임 강사 김○○' '주 3일 파트 강사 이○○'
와 같이 지원 분야와 이름을 제목으로 보내도록 안내한다. 메일함
을 열어보면 안내된 내용대로 제출하지 않은 사람이 더 많다. 공고
를 꼼꼼히 읽고 맞춰 지원한 강사가 일잘러일 가능성이 크다.

둘째, 면접 시 충분히 이야기를 나눈다. 지원자가 말을 더 많이
하도록 한다. 긴 시간 동안 이야기를 나누면 더 자세히 알 수 있다.
면접용이 아닌 진짜 본인의 얼굴이 나온다.

셋째, 전 직장에 레퍼런스 체크^(평판 조회)를 한다. 면접 시 지원자
에게 동의를 구한다. 아래 두 에피소드는 몇 년 전 있었던 일이다.

"안녕하세요. 여기 ○○○어학원입니다. 21년부터 22년 8월까
지 원장님 학원에서 일했던 A 선생님이 우리 학원에 지원했어요.
레퍼런스 체크로 전화했어요. 근무 잘 해주셨나요?"

전화기를 타고 긴 한숨 소리가 들렸다.

"A 선생님이요. 21년부터 근무요? 22년도에 겨우 이틀 출근하
고 무단결근했어요. 전화 연결이 겨우 되었는데, 아팠다 했어요.
다시 출근해서 또 이틀 나오고 사라졌어요. 한참 후에 무단결근한
날도 급여를 달라고 연락이 왔네요."

북미에서 학사 과정을 마친 지원자가 있었다. 초등 원어 수업,
중등 문법, 내신 수업도 모두 가능하고 시범 강의도 잘했다. 근무

했던 학원에 전화했다.

"B 선생님이요…. 어디 학원이라고요? (한숨) 원장님 목소리 들어보니 젊은 것 같은데…. 동생 같아서 말씀드려요. B 선생님이 동료 강사와 갈등이 많았어요. 학생이 그냥 하는 말도 예민하게 받아들이고요. 퇴원생이 많았어요. 반이 박살난 적도 있어요. 같이 일하면서 정말 힘들었네요."

레퍼런스 체크는 꼭 필요하다. A나 B 지원자를 채용했다면 어땠을지 아찔하다. 물론 우리 학원에서 잘 근무할 수도 있다. 하지만 사람은 크게 변하지 않는다. 위험을 감수하며 모험할 필요는 없다.

마지막으로, 일하고 싶은 학원을 만든다. 경쟁력 있는 급여, 쾌적한 근무 환경, 복지를 제공한다. 주 4.5일 근무, 자유로운 연차 사용, 저녁 식사 제공을 내세우는 학원도 있다. 인건비, 복지 등 학원 지출을 최대한 줄여야겠다고 생각할 수도 있다. 하지만 장기적으로는 지출이 늘더라도 좋은 강사가 오래 근무하는 것이 낫다. 안정적인 학원 운영을 통해 학원생을 늘려가는 선순환 구조를 만든다.

원어민 강사도 채용하고 싶어요

E2 비자 외국인 회화지도 원어민 강사는 어학원에서만 채용할 수 있다. 보습학원에서는 거주, 영주, 결혼이민같이 F로 시작하는 비자 강사를 찾아야 한다. 고용하는 방법은 보통 두 가지이다. 첫째, 리쿠르팅 업체에 의뢰한다. 계약 시, 약 120만 원에서 150만 원의 소개비가 있다. 두 번째, 원장이 직접 알아본다. 같이 일하는 원어민 강사에게 소개받거나, 직접 구인 공고를 올린다. 페이스북에서 Teaching Jobs in Korea로 검색해 나오는 그룹 또는 크레이그리스트 서울(Craigslist Seoul)에서 무료로 할 수 있다. Dave's ESL Cafe 혹은 WorknPlay에 유료로 올려도 된다. 리쿠르팅 업체도 그렇게 찾는다. 채용 후, 출입국 사무소에서 비자 발급, 연장, 근무처 변경을 한다. 비자 정보는 외국인 종합 안내센터(1345), Hi Korea 웹사이트에서 확인한다. 외국인 등록증(ARC) 신청과 교육청 강사 등록도 한다. 법무부 지정 의료기관의 마약 검사 결과를 포함한 채용 신체검사서도 필요하다.

원어민 강사에게는 주거 시설도 제공된다. 집 대신 40~50만 원의 주거 지원금(Housing Allowance)을 지급하기도 한다. 법정 연차, 4대 보험, 퇴직금, 본국으로 돌아가는 편도 비행기 표도 있다. 선호하지 않는 지역의 경우 왕복 항공권을 준다. 나는 화상 면접보다 대면 면접을 선호한다. 경력 있는 한국에 거주하는 강사 위주로 본다. 일했던 학원에 레퍼런스 체크도 한다. 리쿠르팅 업체에서는 계약 성사를 위해 단점은 빼고, 장점 위주로 전달한다.

14. 컴플레인은 돈 먼저 내고 하세요

    당연한 듯 교육비를 늦게 내는 학부모에게 물어보고 싶다. 월급이 하루, 이틀 아니 일주일, 이주일 늦게 나와도 괜찮은지 말이다. 곤란할 것이다. 카드값부터 대출 이자 등 계획된 지출에 문제가 생긴다. 핸드폰 요금은 밀리면 정지되고 지연 이자도 붙는다. 교육비 미납에는 즉각적인 불이익이 없어서일까? 늦게 내도 괜찮다는 생각을 가진 학부모가 있다. 어떤 원장은 학부모에게 "미납 그까짓 거 가지고 계속 연락하고 그러냐. 나중에 몰아서 받으면 보너스 받는 것처럼 좋지 않냐?"는 말도 들었다 했다. 원활한 학원 운영과 운영자의 정신 건강을 위해 미납은 없어야 한다.

여행할 돈은 있고 교육비 낼 돈만 없나요?

남매가 등록했다. 이 학부모는 두 달씩 밀려 교육비를 냈다. 학부모가 전문적으로 수학 과외를 했다. 황당함이 배가 됐다. 과외 학생이 과외비를 두 달씩 늦게 내도 괜찮은 걸까? 대놓고 물어보고 싶었다. 다행히 미납 안내 전화는 꼬박꼬박 받았다. 매번 곧 방문해서 내겠다고 했다. 그러고는 마지막에 원장을 찾았다. 담당 강사의 말투나 교습법 등 컴플레인을 쏟아냈다. 부족한 부분도 따로 봐주기를 요청했다. 전화할 때마다 '제발 돈 먼저 내고 하세요'라는 말이 입안을 맴돌았다.

초등학교 고학년 학생이 등록했다. 학생은 학원에 잘 적응하여 즐겁게 다녔다. 그런데 두 번째 달 교육비를 내지 않았다. 학부모와 연락이 되지 않았고, 학생도 모르겠다는 말뿐이었다. 사정 설명도 없이 연락 두절인 학부모에게 최후통첩 문자를 보냈다.

"안녕하세요. ○○어학원입니다. 4월 교육비가 결제되지 않아 문자 드립니다. 미납 금액은 29만 원이며, ○일까지 결제하지 않으면 수업 참여는 어렵습니다. 학원비는 선불입니다."

다행히도 미납 교육비가 들어왔다. 하지만 다음 달에도, 연체는 계속됐다. 학원에서 유난히 기죽어 하던 학생이 맘에 걸려서 퇴원 시키지 못했다. 결국 몇 달 치 교재비와 교육비를 내지 않고 사라 졌다. 퇴원 후에도 미납 학부모의 카카오톡 프로필이 자꾸 눈에 보였다. 해외여행을 즐기는 가족사진이 계속 올라왔다. 교육비 미납 규정에 단호해진 계기가 되었다.

안타까운 미납도 있다. 코로나 초기에 휴원 전화가 왔다. 학부 모가 항공사에서 일하는데, 휴직 상태라 했다. 언제 복직할 수 있 을지 모르겠다며 한숨을 쉬었다. 평소와 다르게 교육비를 늦게 내 의아해하던 차였다. 복직하면 다시 보내겠다고 했다. 하지만 몇 달 이면 끝날 것 같던 코로나가 여러 해 지속됐다. 아쉽게도 그 학생 을 다시 볼 수 없었다.

교육비 안내와 미납 이렇게 합니다

첫 등원 날짜에 따라 교육비 납부일이 다른 학원이 있다. 이렇 게 하면 학부모도 헷갈리고 학원도 관리하기 힘들다. 결제일을 통 일한다. 월 중간에 입학하는 학생은 시작 일부터 말일까지 계산한 다. 개인정보 수집 동의를 받고 입학 원서에 학부모의 이름과 집

교육비 & 미납 안내

번호	내용
1	등록 시에 수강료 규정에 대해 간단히 설명한다. 수강료는 전달 25일로 선납임을 강조한다.
2	자세히 읽어볼 수 있도록 수강료 규정 안내문을 그림 문자나 카카오톡으로 보낸다.
3	매달 보내는 소식지에도 수강료 일정을 안내한다.
4	24일에 수강료 안내 문자를 보낸다. 카카오톡 알림 톡으로 비대면 결제할 수 있는 수강료 청구서도 함께 보낸다. 학원 친구, 결제 선생 등을 이용하면 된다.
5	삼일 간격으로 확인한 미납생에게 수강료 문자를 보낸다.
6	해당 월 7일까지 미납생에게 아래와 같이 문자 안내를 한다. "안녕하세요, ○○어학원입니다. ○○○ 학생 3월 원비(29만 원)와 교재비(6만 원) 미납입니다. 10일까지 교육비 확인이 안 되면, 11일부터 수업 진행 불가합니다. 바쁘시겠지만 확인 부탁드립니다. 감사합니다."

주소, 연락처도 받는다. 수강료 관련 내용 증명을 보낼 시 필요하다. 그동안 만난 수많은 학부모 중 끝까지 안 낸 사람은 단 세 명이었다. 대부분은 늦게라도 낸다. 끝까지 내지 않을 때는 신용정보회사에 수수료를 내고 미납금 회수를 맡긴다. 3천만 원 이하의 경우, 인지 대금과 송달료만 내고 소액 심판 청구 소송을 해도 된다. 교육비는 소멸시효가 1년인 단기 채권이다. 신속하게 해야 한다.

교육업 종사자가 돈 이야기 하면 안 되나요?

"원장님, 교육자라는 분이 이러면 안 되죠!"

말도 안 되는 항의를 하며 이미 들은 수업과 교재도 환불해달라며 소리 지르던 학부모의 말이다. 우리가 교육 사업이 아니라 교육 기부를 한다고 생각했나 보다. 돈 이야기하기 힘들다는 원장이 많다. 돈 밝히는 것 같고 교육자로서의 가치를 낮추는 것 같다며 자기 검열한다. 우리는 '교육 사업'을 하고 있다. 시간과 노동력을 제공하고 받는 당연한 권리이다. 돈 이야기에 움츠러들 필요 없다. 정해놓은 교육비 납부 원칙을 지켜나가면 된다.

15. 선 넘는 학부모의 보충 요청

교수부장으로 근무할 때였다. 학부모가 보충 문의를 했다. 담당 강사가 바로 전화했다.

"주아 어머님, 안녕하세요? 영어 학원 담임 레이첼입니다. 주아가 지난 월요일 결석했었는데요. 혹시 무슨 이유였나요?"

"아팠어요. 보충 잡아주세요."

담당 강사와 옆에서 듣고 있던 나의 고개가 갸웃거렸다. 학생이 제주도 여행으로 결석한다며 자랑했었기 때문이다.

"네, 어머님. 학원 보충 규정상 병결 시에는 병원이나 약국 영수증, 약국 봉투가 필요해요."

상냥한 목소리로 강사가 대답했다. 갑자기 학부모의 언성이 높아지기 시작했다.

"아니, 사람 말을 못 믿고! 그렇다면 그런 것이지, 무슨 확인을 한다고 그래! 내가 거짓말이나 할 사람으로 보여! 아이 십팔 짜증 나!"

학부모 목소리는 전화기를 타고 조용해진 교무실을 쩌렁쩌렁 울렸다. 강사의 눈에서 눈물이 떨어졌다. 모두 어찌할 바를 몰랐다. 통화 내용을 듣던 원장이 뚜벅뚜벅 걸어와 전화기를 낚아챘다.

"주아 어머님, 원장입니다. 학생, 오늘부터 수업 못 받습니다. 이번 달 수업한 일주일도 모두 환불받아 가세요." 하며 전화를 딱 끊었다. 선을 넘는 학부모에게 단호하게 퇴원을 통보한 모습이 멋졌다.

그때, 원장이 되면 학부모와 학생이 선을 넘지 못하도록 단호하게 행동하겠다고 마음먹었다. 원장이 강사를 무시하면 학부모와 학생도 강사를 무시한다. 원장부터 강사를 먼저 진심으로 존중해야 한다. 또, 외부의 파도를 막아주는 방파제가 되어야 한다. 학원은 교육을 기반으로 서비스를 더 해 파는 업종이다. 시비스업 마인드도 교육의 질만큼 중요하다. 그렇지만 선 넘는 요구 사항을 다 들어줄 수는 없다. 원장이 중심을 잡아 줘야 한다.

보충 규정 이렇게 정하고 안내했습니다

'좋은 게 좋은 거다'라는 마음으로 보충해 줬다. 끝은 좋지 않았다. 계속되는 보충 폭탄에 지치게 된다. 결국, 정규 수업에도 부정적인 영향을 미친다. 계속해 주면 당연한 줄 안다. 친구 생일 파티 때문에, 가족 외식이 있다며 쉽게 결석하고 보충을 요구한다. 이러한 문제 해결을 위해 규칙을 마련하고, 학부모에게 주기적으로 안내한다.

보충 규정

번호	내용
1	모든 부분을 다루지 않으며, 수업에 꼭 필요한 부분 위주로 진행합니다.
2	결석한 수업과 같은 진도의 반이 있는 경우 대체 출석할 수 있습니다. (최대 월 1회, 정원이 차지 않은 경우에만 가능)
3	보충/대체 수업 시 차량 일정에 따라 차량 이용이 불가할 수 있습니다.
4	학원의 지정된 보충 시간에만 가능합니다. 정규 수업과 다른 원생에게 피해가 가지 않고자 함이오니 양해 부탁드립니다.
5	보충을 원하시지 않아도 원비 이월은 불가합니다.
6	월 2회까지 가능합니다.

보충이 가능한 경우와 불가능한 경우

가능	불가능
학교 공식 행사: 수학여행, 수련회 등	비공식 학교 활동: 방과 후 수업, 동아리나 모둠 활동
질병: 증빙 서류 제출 (병원이나 약국 영수증, 처방전, 진단서, 진료 확인서 중 택1)	피곤해서 가정에서 휴식
가정사: 가족과 친척 장례식 등	다른 학원의 보충 수업, 직전 보강 수업
2주 이상 결석의 경우 미리 학원에 고지 후 상의	여행, 생일, 결혼식, 모임 등 개인적인 약속

결석은 퇴원을 부른다

나는 매일 결석생 일지를 작성했다. 결석생 관리는 퇴원생 예방의 첫걸음이다. 사유를 정확히 확인하고, 자주 결석하는 학생은 특별 관리한다. 결석으로 보충 수업이 필요한 학생도 매일 점검한다. 학부모가 보충 일정을 물어보기 전에 학원에서 먼저 연락한다. 며칠째 보충 전화가 없으면, 학부모는 원생 관리가 꼼꼼하지 않다고 생각한다. 시간이 없어 보충 못 하는 학생도 있다. 이럴 때는 가정에서 문제를 풀어오라고 한다. 쉬는 시간에라도 풀어온 부분을 채점하고, 틀린 부분을 피드백한다.

전염성 질병이 도는 때도 있다. 코로나 때는 한 반의 절반이 결석했다. 이럴 때는 '대면 비대면 혼합 수업'을 했다. 등원한 학생은 평소와 같이 교실 강의를, 아파서 못 오는 학생도 온라인 ZOOM을 통해 동시에 들었다. 결석생은 진도를 놓치지 않고, 학원도 별도의 보충이 필요 없어 좋다.

16. '월급 원장' 퇴사합니다

많은 직원의 퇴사를 지켜보았다. 나의 퇴사일이라니…. 마지막 인사에도 실감이 나지 않았다.

2010년에 입사했다. 교수부장으로 시작해 원장으로 근무했다. 월급 원장이지만, 내 학원처럼 일했다. 학원은 내 자식 같다. 키운 성노 쌓이고, 잘되면 뿌듯하고, 안되면 애가 탄다. 육이와 일을 병행하며, 조금씩 지쳐갔다. 매일 두 시간 이상을 출퇴근에 썼고, 업무 분담도 커졌다. 그런 가운데 갑자기 호흡 곤란 증세가 나타났다. 처음에는 호흡기 문제로 생각하고, 대학 병원에서 정밀 검사를 받았다. 스트레스가 몸에 보내는 신호였다. 잠시 쉬어가야 할 때라 생각했다.

2023년 초, 사직서를 냈다. 학원 측에서는 반려하며 설득했다. 나를 믿어주는 상사와 동료를 보며 조금 더 힘내보기로 했다. 정신없이 학기 개강을 마치고 내신 준비를 시작할 때였다. 건강하셨던 시어머님이 갑작스레 아팠다. 그리고 손 써보기도 전에 하늘나라에 가셨다. 이러한 상황에서 버티며 가는 것이 옳을지 고민했다. 하지만 오랫동안 영어 교육자로 살아왔고, 앞으로도 계속 이 길을 갈 것이다. 멀리 가기 위해 잠시 충전 시간을 가지기로 했다. 2023년 6월, 다시 사직서를 제출했다.

원장 인수인계 어디서부터 하죠?

후임자를 찾기 시작했다. 월급 원장도 하고 본인의 학원도 했던 적임자를 찾았다. 인수인계 기간은 2주에서 3주로 잡았다. 막상 시작해 보니 내용이 방대했다. 원장은 A부터 Z까지 모두 알아야 하기 때문이다. 결국 한 달을 꽉 채웠다. 원장 인수인계는 처음이다. 조언을 구할 곳도 없어 막막했다. 빈 워드 파일을 열고 네 가지의 리스트를 만들었다.

먼저, '원장 업무 리스트'에 매달, 매주 해야 할 일을 정리했다.

Month	Monthly	Weekly
January	겨울방학 특강/ 영어독후감 컨테스트 Phone Counseling (전화 상담) Workbook Checking (워크북 확인) Review Test (월말 복습 테스트) Monthly Report Card (성적표)	Monday/ Meeting at 2:30 Book Report Collecting Day Level Test
February	개강 준비 Level Test 무료+친구소개 이벤트 Phone Counseling / 차량 현수막 Workbook Checking Review Test / Semester Report Card	Tuesday/ Book Report Collecting Day 월수금 Book Report 미제출자 문자안내 Level test 중등 Detention / 결석생 보충 스케줄
March	SPRING 학기 시작 Phone Counseling Workbook Checking Review Test / Monthly Report Card	Wednesday/ 화목 Book Report 미제출자 문자안내 Level Test 초등 Detention / 결석생 보충 스케줄
April	Phone Counseling 중등: 1학기 중간고사 준비 Workbook Checking Review Test / Monthly Report Card	Thursday/ Bank Book Checking (미제출자 문자 안내) Level Test 중등 Detention
May	개강 준비/어린이날 행사 Phone counseling Workbook Checking Final Test / Semester Report Card	Friday/ Bank Book Checking (미제출자 문자 안내) 중등 Detention 물품 주문 요청
June	SUMMER 학기 시작 Phone Counseling 중등: 1학기 기말고사 준비 Review Test / Monthly Report Card	- 매 학기 레벨별 시간 확정 및 선생님 배정 - 강사 채용, 계약서, 강사 교육, 강사 등록 - 원어민 강사 채용, 계약, 출입국 비자, Housing 관리 - 초등반: 교재 선정 & 매 학기 진도표 만들기
July	여름특강 Phone Counseling Workbook Checking Review Test / Monthly Report Card	- 중등반: 교재선정, 진도표, 단어장 테스트 관리 (Detention용까지 2가지 버전 테스트지 준비) - 방학 특강: 안내문, 교재 선정, 진도표 만들기 - 업무 달력 만들기 (모든 일 Due Date 안내하기)
August	개강 준비 / 여름 방학특강 / 다독왕 차량현수막 Final Test / Semester Report Card	- 매달 학생들 Workbook체크 후 강사,학생 피드백 주기 - DAILY TEST/REVIEW TEST/FINAL TEST 만들고 관리 - 매달 REPORT CARD 관리 (원어민 선생님 코멘트 더블 체크필요)

September	FALL 학기 시작
	Workbook checking
	Review Test / Monthly Report Card
	간담회
		- 행사&이벤트 준비 (어린이날, 할로윈, 크리스마스,
		  여름방학과 겨울방학 이벤트, 친구 소개 이벤트 등)
		- 안내문 (새학기,행사 등)과 매달 소식지 만들고
		  그림 문자로 배부 후 블로그,인스타 올리기

October	중등: 2학기 중간고사 준비 Workbook checking Review Test / Monthly Report Card Halloween Party	- 매달우수학생 홈페이지, 블로그, 인스타 게시 - TEACHERS' LESSON PLAN BINDER 만들기 (매학기) - LEVEL TEST 관리: 영어인터뷰 + 학부모님 상담 - 매주 미팅 (매주 월 2:30)
November	개강 준비 Workbook checking Final Test / Semester Report Card	- 광고(네이버플레이스&인스타 광고, 카페, 아파트 등) - 홈페이지, 블로그, 인스타, 카톡관리 - Student Book, Book Report, Vocab Book, Bank Book 내용 업그레이드하고 표지 바꾸기 - 북리포트 안낸학생 학부모님 문자/T 카톡 전달
December	WINTER 학기 시작 중등: 2학기 기말고사 준비 Workbook checking Review Test / Monthly Report Card	- 새로운 홍보 아이디어 내고 실행 - 담당 선생님 상의 후 레벨업 여부 결정(학기 막달) - 신규생 퇴원생 레벨테스트 미등록생 관리 - 1년에 2~3번 정도 차량 현수막 새로 제작 +차량 홍보 - 학기 마지막달 다음학기 교재 주문 (해외 원서의 경우 재고가 없으면 오래 걸리기 때문에 미리 주문) - 학부모, 직원 컴플레인 상담 및 처리 - 셔틀 차량 기사님,코스 관리 & 불만 사항 처리

모든 업무를 나열해서, 한 장에 적었다. 매달 해야 할 일과 마감일을 정리한 '업무 달력(Work Calendar)'도 추가했다. 업무 달력은 항상 한 학기 치(3개월)를 미리 만들어, 모든 직원과 공유한다.

WORK CALENDAR (1st Month)

Monday	Tuesday	Wednesday	Thursday	Friday	Saturday
Meeting 2:30p.m.	월수금 독후감 미제출 문자 / 중등 DETENTION / 차량 홍보	화목 독후감 미제출 문자 / 초등 DETENTION / 결석생 보충 수업	도서통장 미제출 문자 / 중등 DETENTION / 차량 홍보	도서통장 미제출 문자 / 중등 DETENTION	내신 보충
학기 첫번째달 일정 (1일~29일) / 월수금반 12회 수업 / 화목반 9회 수업 / 월금반 8회 수업	중등 내신 12일 시작 / 내신 시간확정후 / 안내문 나가기		1 NEW CLASS CAPTAIN / ORIENTATION / 신규생 숙제설명 / 퇴원생 도서관책 반납 / NO DETENTION / 다음주 뿌리포트 안내 문자	2 NEW CLASS CAPTAIN / ORIENTATION / 이번질 신규생 상담 전화 완료 / NO DETENTION / 단어시험 공지 문자	3
5 급여일 / 단어테스트 #1 / 영어 독후감 #1 / 목금 뱅크북 제출 안내 / DETENTION STARTS / 중등 모의고사	6 / 단어테스트 #1 / 영어 독후감 #1 / 중등 모의고사	7 내신 안내문 발송 / 내신 교재 주문 / 원장 학생 상담	8 / 도서통장 #1 / VOCAB TEST #1 / No BOOK REPORT / 신학기 성적표 마감 3P.M.	9 성적표 #1 / 성적표 체크하고 프린트 / 소식지 만들기 / 완야면 STUDENT REPORT DUE	10
12 성적표소식지배부/문자 / 단어테스트 #2 / 영어 독후감 #2 / 퇴원생 성적표 카톡전달 / 성적표 배부 / <-중등 내신 시작	13 성적표소식지배부/문자 / 단어테스트 #2 / 영어 독후감 #2 / 퇴원생 성적표 카톡전달 / 성적표 배부 / 중등 내신 TEST PREP	14 / 전달 우수학생 / 상장 & 문화상품권 배부 / 원장 학생 상담	15 / 전달 우수학생 / 상장 & 문화상품권 배부 / 중등 내신 TEST PREP	16 / 우수학생 SNS게시 / 중등 내신 TEST PREP	17 / 중등 내신 보충 수업
19 / 단어테스트 #3 / 영어 독후감 #3 / 중등 내신 TEST PREP	20 / 단어테스트 #3 / 영어 독후감 #3 / 중등 내신 TEST PREP	21 온라인복습테스트 시작 / 휴원생 전화 / 레벨테스트 미등록생 전화 / 원장 학생 상담	22 온라인복습테스트 시작 / 도서통장 #3 / 학생 교재 체크 / 중등 내신 TEST PREP	23 / 도서통장 #3 / 이번질 정기 상담 마감 / 퇴근 시 상담일지 제출 / 학생 교재 체크 / 중등 내신 TEST PREP	24 / 중등 내신 보충 수업
26 / 단어테스트 #4 / 영어 독후감 #4 / 중등 내신 TEST PREP	27 / 단어테스트 #4 / 영어 독후감 #4 / 중등 내신 TEST PREP	28 금요일새책Remind / 원장 학생 & 감사 상담	29 온라인복습테스트 마감 / 도서통장 #4 / 1st Month --> / 월수금 새책 안내 문자 / 중등 내신 TEST PREP	30 월수금 새책 시작 / 도서통장 #4 / <-- 2nd Month / 문화상품권 주문 / 필요한 물품 주문 / 중등 내신 TEST PREP	

두 번째로, '직원 정보 리스트'를 작성했다. 담당 업무, 장단점, 동료와의 관계를 기록했다. 직원을 파악하는 데는 시간이 걸린다. 최고의 효율을 내고 불필요한 갈등을 줄이는 데 필요하다.

세 번째로, '성과 및 시행착오'를 공유했다. 홍보, 이벤트, 커리큘럼 아이디어도 덧붙였다. 아파트 게시판, 네이버 플레이스, 인스타그램, 당근마켓, 차량 홍보를 했다. 가장 효과가 있던 것은 네이버 플레이스와 인스타그램 스폰서 광고였다. 온라인 홍보로 유입된 신입생이 매년 늘어났다. 가장 효과가 없던 것은 아파트 게시판이었다. 광고 스타일도 바꾸고 게시 시기도 바꾸어 보았지만, 큰 효과가 없었다. 이 지역은 게시판 광고 효과가 없다는 결론을 내렸다. 이러한 내용을 공유하면 후임자도 시행착오를 줄일 수 있다.

마지막으로, '아이디와 비밀번호 리스트'이다. 학원 웹사이트와 이메일부터 학원 관리 프로그램, 내신 자료(EXAM 4YOU, 족보 닷컴 등), 학원 소셜미디어(네이버 블로그, 인스타그램 등), 솜사탕 기계 대여, 마켓데이나 어린이날 행사 물품 주문, 기프티콘 구매 사이트 등을 정리했다.

인수인계 이렇게 했다

인수인계 기간은 긴 게 좋다. 후임자가 업무를 직접 하며 막히는 부분을 바로 답변해 줄 수 있다. 퇴사 후, 밤낮없이 물어보는 전화도 피할 수 있다. 제대로 이해했는지도 확인해야 한다. 많은 내용을 배우니 놓치거나 잘못 이해하기도 한다. 우리는 수업 중간중간 학생의 이해도를 점검한다. 인수인계도 똑같다. 한 박자 쉬고 중간 체크 후 다음 내용으로 넘어가야 한다. 후임자가 설명을 듣기만 하면 안 된다. 들을 때는 아는 것 같다가 돌아서면 잊어버린다. 꼭 메모하며 듣도록 한다. 중요한 내용은 녹음하거나 사진을 찍게 한다. 퇴사 후, 인수인계를 제대로 못 받았다는 말이 나올 수 있다. '원장 업무 리스트'를 확인서로 사용했다. 이 리스트는 상사와도 공유하여 전달한 내용을 확실히 했다.

퇴사를 앞두고 더 열심히 일했다. 남은 직원이 편하도록 최대한 많은 일을 끝내놓고 싶었다. 본사 직원, 교재 총판, 제본, 복사기 협력 업체에도 인사 했다. 감사의 마음을 전하고자 작은 선물도 준비했다. 퇴직 한 달 전, 한 명 한 명에게 퇴사 소식을 알렸다. 정든 직원과의 이별이 아쉬웠다. 대표는 앞으로 어떤 사업을 하더라도, 함께 일하고 싶다고 했다. 다시 일 하고 싶으면 꼭 연락 달라고 했다. 돌이켜보면 상처를 주는 것도 사람이지만, 결국 보람과 행복도 사람과의 관계에서 온다.

17. 내 학원, 결심까지 오래 걸렸습니다

초보 강사 때는 요령이 없었다. 수업 준비, 시험지 만들기, 숙제 검사, 채점, 학부모 상담 등 주어진 일만 하기도 바빴다. 경험이 쌓이면서, 담당 업무 이외의 일이 눈에 들어왔다. 고등부 출신 원장이 운영하는 작은 학원이다 보니 초중등 과정이 체계 없이 돌아갔다. 수업 준비를 마치면 레벨별 교재 세팅을 했다. 안내문, 문자 문구 등도 자진해서 만들었다. 친구 소개 이벤트 같은 홍보 활동과 어린이날, 핼러윈 등의 행사도 했다. 아이디어를 내고 실행하고 성과를 끌어내는 과정이 즐거웠다.

두 번째로 일한 대형 학원은 본사에서 모든 매뉴얼을 제공했다. 수업 자료부터 강사가 할 지시 사항이나 질문까지 모두 드라마 대본처럼 정해져 있었다. 그대로 따르기만 하면 됐다. 몸과 마음이 빠르게 지쳐갔다. 미리 짜둔 수업안의 부속품이 된 느낌이었다.

극과 극인 두 학원에서 일하면서 나에 대해 더 잘 알게 됐다. 자율적으로 체계를 만드는 것과 학원 운영을 좋아한다는 것을 말이다. 만약 '월급 원장'으로 일하지 않았다면 진작 개원했을 것이다. 강사, 상담 실장, 차량 기사까지 약 스무 명 규모의 직원을 이끄는 큰 책임이었지만, 내 학원처럼 운영했다. 후회 없이 일했다. 정작 나의 꿈이었던 개원은 미뤄두고, 시간은 빠르게 흘러갔다. 주변에서는 원장 경험이 있으니 더 쉽겠다고 한다. 하지만 경력이 쌓일수록 개원이 두렵다. 학원 운영의 달콤한 맛뿐 아니라 쓴맛, 신맛, 마라 맛까지 보았다. 강사는 강의와 담당 학생 및 학부모 관리만 잘하면 임무 완수이다. 원장은 그렇지 않다. 학생과 직원의 수만큼 걱정과 책임감도 커진다.

개원을 망설였던 이유

첫째, 위험이 크다.

강사는 학원이 망하면 이직하면 된다. 하지만 원장은 타격이 크다. 시설 권리금은 고사하고, 인테리어 비용 다 날리고 원상 복구

해야 한다. 직장인의 마약이라는 '월급'도 끊기고, 인건비도 못 건질 수 있다. 최근 서울 합계출산율이 0.59에 그쳤다. 벚꽃 지는 순서로 대학교도 없어진다. 서울 한복판에 있는 초등학교도 문을 닫는데 어쩌지?

둘째, 또 전염병이 오면 어쩌지?

2020년 2월 말, 코로나 사태로 급하게 휴원했다. 두 달 반이 지나서야 수업할 수 있었다. 퇴원생도 많았다. 수입은 없고, 월세와 직원 급여 등 지출만 있었다. 손해를 보았고 그해에 적자가 났다. 전염병은 고정비가 큰 대형 학원에 큰 손실을 남겼다.

셋째, 강사 채용과 관리는 또 어떻게?

구인 공고를 올려도 지원자가 많지 않다. 어렵게 강사를 찾아도 다 내 맘 같지 않다. 높아진 인건비와 구인난으로 무인점포는 나날이 늘어난다. 하지만 학원은 무인이 불가능하다. 공부방이나 1인 교습소가 아니라면 직원 관리는 필수이다.

마지막으로, 워라밸은 Bye!

워라밸은 저 멀리 안녕이다. 학원 일은 퇴근 후 집에 가져오지 않으려 한다. 일과 걱정은 두고 오려고 노력한다. 개원하면 이십사 시간, 월화수목금금금 학원 걱정이 머리에서 떠나지 않을 것만 같다. 퇴원생 한 명에 멘탈이 쿠크다스처럼 바사삭 부서지지 않을까?

그럼에도 꼭 개원해야겠다

첫째, 위험이 크다고?

위험 없는 사업이 어디 있겠는가? 최소한의 비용으로 거주지에서 공부방으로 시작해도 된다. 교습소나 학원도 다른 사업에 비해 초기 비용이 적다. 교육 서비스업에서는 재고도 유통기한도 없다.

둘째, 또 전염병이 오면 어떻게 하냐고?

이겨낼 수 있다. 이미 3년간 코로나를 겪었다. 비대면 온라인 수업 전문가가 됐다.

셋째, 직원 관리가 힘들다고?

음식점과 학원 둘 다 하는 지인이 그랬다.

"학원이랑 음식점을 운영하며 만나는 직원과 고객은 완전히 달라! 학원이 백배 나아!"

전 학원 대표님이 자주 하던 말이다.

"결국 사람이 돈을 벌어주는 거예요. 직원 없이는 큰 돈 못 벌어요."

마지막으로, 일과 생활의 균형이 걱정된다고?

다이내믹한 학원 일이 재미있다. 지시받은 일만 하기는 싫다. 내 방식대로 주도적으로 일 하고 싶다.

'20년 후 당신은, 했던 일보다 하지 않았던 일로 인해 더 실망할 것이다. 그러므로 돛 줄을 던져라. 안전한 항구를 떠나 항해하라. 당신의 돛에 무역풍을 가득 담아라. 탐험하라. 꿈꾸라. 발견하라.'

현대문학의 아버지 마크 트웨인이 남긴 말이다. 하지 않았던 일로 후회하기 싫다. SNS는 근무했던 학원 홍보를 위해서만 사용했었다. 지금은 개인 계정에 주기적으로 게시물을 올린다. 나를 영어 교육 전문가로 브랜딩한다. 학원 개원 과정도 A부터 Z까지 공유할 예정이다. '학원 개원' 해도, 안 해도 후회한다면 차라리 시도하고 후회하는 게 더 낫지 않을까? 19년째 개원 못 한 월급 원장, 드디어 저지르고 후회하기로 결심했다.

마치는 글

켈리

드디어 정착했습니다

보따리장수와 매한가지였습니다. 한 곳에서 지식을 팔고, 다시 짐을 챙겨 떠났으니까요. 아이들에게 정 떼야 한다는 강박도 있었습니다. 그만둔 후 먼저 연락하면 안 되니까요.

교습소에 있는 지금. 이제야 보금자리가 생긴 기분입니다. 떠나는 대신 떠나보내는 처지가 되었습니다. 더는 억지로 아이들을 밀어낼 필요 없습니다. 작별하게 돼도 아쉽고 그리워하면 됩니다. 안부 문자도 보낼 수 있고요.

그만두고 나서도 생각나는, 들러보고 싶은 교습소가 되길 바랍니다. 제자의 자식을 가르치는 강사를 본 적 있습니다. 얼마나 좋은 선생이었기에 자식마저 믿고 보냈을까요. 그보다 늦은 나이에 개원하는 만큼, 제자의 자식까지는 바라지 않습니다. 그래도 제자 본인은 찾아올 만한 선생이 되고 싶습니다.

'남의 사업장에서도 최선을 다했는데, 내 것에서는 오죽할까 싶어 차립니다.' 블로그 대문에 썼던 문장입니다. 강사로 일할 때만큼, 아니 그 이상의 에너지로 운영해나가겠습니다.

해일리

하원에서 인연이 된 모든 분께

2022년 겨울, 나의 원을 차리겠다고 다짐했습니다.

여러 가지 이유가 있었지만, 지방 소도시에 살더라도 나에게 오는 학생만큼은 제대로 가르치고 싶다는 마음이 가장 컸습니다. 어디에 살든, 더 좋은 교육 서비스를 받을 권리는 모두에게 있습니다.

영어를 가르치며 많이 배웠습니다. 한 해 동안 책을 쓰면서 곱씹어 낸 과거 다양한 에피소드가 저를 키웠습니다. 천방지축 아이들, 이런저런 학부모, 성격도 모두 다른 원장, 동료 강사 덕분에 여기까지 왔습니다. 원장이 된 지금, 강사일 때 아이들을 바라보던 시선에 뜨거운 감정이 더해집니다. 자식을 바라보는 애틋함이고 잘 키워내야 한다는 사명감입니다. 나의 일을 지속해 온 것이 큰 행운입니다.

어느덧 책의 모든 내용을 완성하고 에필로그를 씁니다. 책을 써서 낸다는 것이 자식을 낳는 것과 같다는 말이 있습니다. 세상에 쓰임이 될 만한 글이 되도록 다시 보고 고쳐쓰기를 반복했습니다. 그동안 함께했던 수많은 얼굴이 떠오르더군요. 시간이 지나니 힘들었던 일들에서도 감사할 부분이 보입니다.

저의 학원 이야기에 또 어떤 인연이 새로 만들어질지 기대됩니다. 그들과 함께 일상을 채우고 나중에 되새겨보면 입가에 미소가 지어지는 날들을 만들고 싶습니다. 지금, 이 순간에도 더 멋진 원을 만들겠다는 꿈을 꿉니다. 이 과정에 함께하는 모든 분께 감사드립니다.

미쉘

시간이 참 빠릅니다. 오랫동안 학원 밥을 먹었습니다. 보람도 느끼고, 웃고 울기도 했죠.

부대끼며 정든 내 새끼 같은 학생
좋은 학원을 만들기 위해 함께 노력한 선생님과 직원
학원과 원장을 믿고 귀한 자녀의 영어 교육을 맡겨준 학부모

제가 가르치고, 이끌어간다고 생각한 적도 있었습니다. 하지만 언제부턴가, 아님을 알게 되었죠. 모두 저에게 가르침을 주는 선생님이셨습니다. 참으로 감사합니다.

직업을 선택할 때, 좋아하면서 잘할 수 있는 일의 교집합을 찾으라 하더군요. 두 가지를 만족시키는 직업, 찾기 쉽지 않습니다. 저는 운 좋기도 영어 교육에서 찾았습니다.

원장으로 일하며 다른 학원과 그곳을 이끄는 원장님이 궁금했습니다.
'이 학원과 원장님에게서는 어떤 점을 배울 수 있을까?'

마치는 글

'학원 운영을 더 잘할 방법이 있지 않을까? 내가 놓치고 있는 점이 있을까?'

'원장 자리 힘드네. 다른 학원 원장님은 괜찮나? 나만 힘든가?'

배움에 목마를 때마다 학원 경영 도서, 인터넷 커뮤니티, 세미나에 기댔습니다. 그러던 중, 경험을 나누고 싶어졌습니다. 기억을 더듬어 경험을 꾹꾹 눌러 담아 썼습니다. 삼인 삼색, 3명의 학원가 이야기가 작은 공감, 위로, 인사이트가 되었으면 좋겠습니다. 매일 애쓰시는 모든 원장님과 예비 원장님의 학원가에서 살아남기, 응원합니다!